Katzen *kinder*

HALTUNG, SPIEL & SPASS

KOSMOS

INHALT

*Katzenkinder
von Bettina von Stockfleth*

6 Abenteuer Katzenkinder

Katzenkinder heranwachsen zu sehen, macht viel Freude. Aber die Zwerge können auch anstrengend sein. Finden Sie heraus, ob Sie bereit sind für das Abenteuer Katzenkind.

- 8 Süß, aber anspruchsvoll
- 11 Eine wunderbare Chance
- 14 Doppelte Freude, halber Stress
- 18 Katzenkinder und andere Haustiere
- 21 Abenteuer mit Verantwortung

24 Großes Wunder – kleine Katze

Die ersten zwölf Lebenswochen stellen die Weichen für ein ganzes Katzenleben. Angeborenes wird weiter trainiert und Lernprozesse bereiten das Kätzchen optimal auf sein zukünftiges Leben vor.

- 26 Die ersten zwei Lebenswochen
- 33 Die dritte bis siebte Lebenswoche
- 39 Die achte bis zwölfte Lebenswoche
- 42 Besonderheiten der Handaufzucht

44 Freunde fürs Katzenleben

Damit einer langen Freundschaft nichts im Wege steht, sollten Sie Ihre neuen Mitbewohner mit größter Sorgfalt auswählen. Worauf Sie bei der Wahl achten sollten und wie Sie mit Herz und Verstand richtig entscheiden, erfahren Sie in diesem Kapitel.

- 46 Das richtige Kätzchen finden
- 54 Charaktertest für Mini-Miezen
- 58 Der gesunde Einzug ins neue Zuhause

62 Die perfekte Kinderstube

Junge Katzen sind neugierig, quirlig und äußerst erfinderisch, wenn es um das Erkunden ihres neuen Heims geht. Mit etwas Planung und Kreativität wird Ihr Heim zu einem spannenden und sicheren Katzenparadies.

- 65 Das sichere Katzen-Zuhause
- 68 Ruf der Freiheit
- 70 Grundausstattung für junge Katzen
- 81 Spiel & Spaß

88 Grundlagen für ein gesundes Katzenleben

Hier erfahren Sie alles Wichtige rund um Ernährung, Pflege und Gesundheit Ihrer Samtpfötchen – für ein langes, glückliches und gesundes Katzenleben.

- 90 Essen hält Leib und Seele zusammen
- 96 Körperpflege – mehr als nur Schönheitspflege
- 98 So bleiben Kätzchen gesund
- 101 Gefährliche Infektionskrankheiten
- 104 Kastration ist praktizierter Tierschutz

106 Erziehung – auch für junge Samtpfötchen

Turnübungen in den Gardinen? Naschen vom Esstisch? Nix da! Konsequenz ist das A und O bei der Katzenerziehung. Unsere Samtpfoten lernen schnell und gerne, wenn sie richtig und maßvoll erzogen werden. Wie es geht, lesen Sie hier.

- 108 Grundlagen der Katzenerziehung
- 117 Die Meisterklasse: Clickertraining
- 120 Die Katzenpubertät

INHALT

*Spiel & Spaß für Katzen
von Denise Seidl*

126 Faszination Spiel

Spielen macht Spaß, fördert die Mensch-Tier-Beziehung, trainiert Körper und Köpfchen und wirkt ausgleichend. Einfach eine perfekte Erfindung der Natur!

- 128 Spielen – eine ernste Angelegenheit
- 129 Fit fürs Leben
- 134 Spielen ist Jagen
- 136 Spielregeln von A – Z
- 140 Spieltypen

142 Selbst ist die Katze

Allein daheim? Gähnende Langeweile? Das muss nicht sein! Hier finden Sie die schönsten Solospiele, mit denen sich auch Einzelgänger vergnügt allein beschäftigen können.

- 145 Her mit den Spielsachen!
- 151 Angelspaß für geschickte Pfoten
- 153 Heimischer Fitness-Parcours
- 158 Katzenminze – Rausch der Sinne
- 159 Mission „Undercover"

162 Spielpartner Katzenkumpel

Im Doppelpack: Wilde Verfolgungsjagden, spannende Versteckspiele und gemeinsame Mäusesuche machen mit dem Katzenkumpel doppelt so viel Spaß.

- 164 Einzelkämpfer oder Teamspieler?
- 165 Kuscheltiger oder Spielfreak
- 168 Kampfkatzen
- 172 Catch me

174 Spiel mit mir!

Jagdersatz und Katzensport – am allerliebsten mit dem Mensch! Spielen Sie mit Ihrem Stubentiger Katzenfußball, Slalomlaufen, Squash oder lassen Sie den Teppich fliegen.

- 176 Katzen müssen spielen
- 176 Outdoor-Ersatz
- 181 Katzen-Sport
- 189 Katzen und Kinder

190 Spielideen aus dem Alltag

Eintauchen in die Welt der Sinne: In jedem Haushalt finden sich Dinge, die für Katzen unglaublich spannend sind: Von Tastboxen, Zappeltüten, Duftkissen und Rasseleiern!

- 192 Es raschelt im Karton
- 195 Einfach dufte
- 200 Lichtspiele
- 200 Pfotentraining
- 207 Lauschangriff

210 Intelligenzspiele

Besitzen Sie einen kleinen Einstein? Hier finden Sie die besten Ideen für Hütchenspieler, Ping-Pong-Experten, Fährtenprofis und Panzerknacker.

- 212 Kluge Katzen – denken und tüfteln
- 216 Ping-Pong-Party
- 218 Spielzeug vom besten Freund
- 219 Verpackter Spaß
- 221 Folge der Spur!
- 222 Wasserball

226 Spielerische Erziehung

Eigensinnig und beratungsresistent? – Reine Vorurteile! Für die richtige Belohnung steigen sogar Stubentiger vom Katzen-Olymp und lassen sich erziehen. Vorausgesetzt, sie haben gerade Lust dazu.

- 228 Brave Katze – Stubentiger erziehen?!
- 228 Katzenpädagogik für Menschen
- 231 Erziehungs-Basics
- 233 Spieltherapie

240 Service

Spielzeuge gesucht? Lust auf noch mehr Katzenliteratur? Schnell ein Spiel nachgeschlagen? Im Serviceteil finden Sie alles, was Sie brauchen.

- 242 Zum Weiterlesen
- 244 Nützliche Adressen
- 245 Register
- 251 Dank
- 252 Die Autorinnen
- 256 Impressum

ABENTEUER
Katzenkinder

KATZENKINDER BEI SICH AUFZUNEHMEN, IHRE ENTWICKLUNG ZU BEGLEITEN UND SIE ZU LEBENSFROHEN STUBENTIGERN HERANWACHSEN ZU SEHEN, MACHT SEHR VIEL FREUDE. ABER DIE ZWERGE KÖNNEN AUCH ANSTRENGEND SEIN UND BRAUCHEN SIE MEHR, ALS SIE SICH VIELLEICHT VORSTELLEN. FINDEN SIE HERAUS, OB SIE BEREIT SIND FÜR DAS ABENTEUER KATZENKIND.

ABENTEUER KATZENKINDER

SÜSS,
aber anspruchsvoll

Tierbabys sind einfach zauberhaft, und junge Katzen sind es ganz besonders. Mit ihrem flauschigen Fell, großen Augen und Ohren sowie ihren kleinen Stupsnäschen erfüllen sie das von dem Altmeister der Verhaltensforschung Konrad Lorenz definierte Kindchenschema wohl wie kaum ein anderes Jungtier. Kein Wunder also, dass die meisten Menschen und erst recht Katzenfreunde beim Anblick junger Samtpfoten dahinschmelzen und die Kleinen im Handumdrehen unsere Herzen erobern. Ausgesprochen fotogen sind die Zwerge ebenfalls, weshalb sich die mit ihren Konterfeis versehenen Produkte wunderbar vermarkten lassen: Katzenbabys zieren Taschen, Tassen und Teller, Notizbücher, Servietten, Regenschirme und vieles mehr. Selbst die für manche Postkartenmotive in alle möglichen Gefäße gestopften Katzenwelpen machen scheinbar gute Miene zum sicher nicht immer angenehmen Spiel. Werbewirksam purzeln sie im Dienste aller möglichen Produkte vom Toilettenpapier bis zum Weichspüler über unsere Bildschirme – natürlich in einer blitzblanken Wohnung, deren tadellose Einrichtung überhaupt nicht vermuten lässt, dass dort quirlige junge Tiere leben, die ihre Umgebung und die Leben ihrer Menschen gehörig auf den Kopf stellen können.

NEUGIERIG UND LERNBEREIT

Der Wunsch, selbst so einem entzückenden Wollknäuel ein Zuhause zu geben, kommt angesichts solcher Bilder schnell auf. Aber Katzenkinder sind sehr viel mehr als nur süß: Sie sind äußerst neugierig und lernwillig, sie brauchen eine katzentaugliche Umgebung, in der sie ohne Verletzungsgefahr spielen und toben können, und sie benötigen nicht nur gutes Futter, sondern auch sehr viel Zeit, Liebe und Zuwendung. Werden sie nicht artgerecht gehalten und aufgezogen, können sie gerade in diesem Lebensabschnitt, in dem sie besonders empfänglich für bleibende Eindrücke sind, gravierende seelische Schäden erleiden sowie in ihrer körperlichen Entwicklung beeinträchtigt werden.
Katzenkinder sind vor allem Kinder, und wie alle Kinder verfolgen sie das Ziel, möglichst schnell erwachsen zu werden. Mit großer Ausdauer und Hingabe üben sie daher schon im Alter von wenigen Wochen fleißig nahezu alle Verhaltensweisen ein, die zum Repertoire einer ausgewachsenen Katze gehören. Dabei agieren sie so unermüdlich, fantasievoll, beharrlich und konzentriert, wie spielende Kinder es nun einmal tun.

[a] ERST IST DAS KITTEN noch wackelig auf den Beinen, ...

[b] ... doch im Spiel verfliegt diese Unsicherheit sofort.

[c] KONZENTRIERT wird der Federwedel ins Visier genommen, die Tatze zum Zuschlagen bereit.

[d] ENDLICH JAGDERFOLG! Das Kätzchen hält seine „Beute" entschlossen fest, ...

[e] ... um instinktiv daran herumzuzupfen, als wolle es einen Vogel rupfen.

KEINE KATZENKINDHEIT ohne Streiche! Topfpflanzen sind beliebte Spielobjekte.

Tobende Katzenwelpen zu beobachten kann ein Quell großer Freude sein – und Panikattacken auslösen, wenn das Wohnzimmer dabei nicht im Sinne seiner menschlichen Bewohner genutzt wird und etwas zu Bruch geht. Schließlich sind Katzen Beutegreifer und müssen für ein erfolgreiches Jagen körperlich fit sein. Dazu gehört aber nicht nur die vom Spielgefährten Mensch organisierte und beaufsichtigte Verfolgung eines Fellmäuschens, sondern Rennen, Klettern und Strecken an mehr oder weniger geeigneten Gegenständen zwecks allgemeiner Körperertüchtigung, und zwar gerne auch zu Uhrzeiten, die den Lebensgewohnheiten ihrer Menschen oft so gar nicht entgegenkommen. Dass Katzenkinder ihre Halter nicht nur fordern, sondern häufig auch überfordern, kann man unter anderem in zahlreichen Internetforen nachlesen. Während viele frischgebackene Halter von Kätzchen dort um Rat fragen und sich äußerst gewissenhaft mit den Bedürfnissen ihrer neuen Hausgenossen beschäftigen, wählen andere den einfachen Weg und geben die jungen Katzen schnell wieder ab. Gerade Hauskatzen werden im Frühjahr immer noch zuhauf geboren und die „überflüssigen" Babys oftmals sogar verschenkt. Macht das spontan aufgenommene Kitten wider Erwarten Arbeit und zerstört womöglich etwas, das seinen Haltern lieb und teuer ist, verfliegt die anfängliche Begeisterung schnell und man trennt sich ohne große Gewissensbisse schnell wieder von dem süßen Katzenkind – insbesondere, wenn es nichts gekostet hat. Leider landen diese Tierbabys nicht immer in guten Händen, und manche dieser unglücklichen Katzen entwickeln erhebliche Verhaltensauffälligkeiten. Dem erwachsenen Tier haftet schnell der Makel an, eine „Problemkatze" zu sein, die im günstigsten Fall ihr Leben im Tierheim fristen darf, wenn sie nicht das Glück hat, verständnisvolle und erfahrene Halter zu finden.

Eine wunderbare CHANCE

Wenn Sie sich jedoch ganz bewusst nach reiflichem Überlegen entschließen, Katzenkinder aufzunehmen, erhalten Sie die wunderbare Chance, sehr viel Schönes zu erleben. Natürlich kommt mit den Kleinen eine Riesenportion Arbeit auf Sie zu, aber dafür werden Sie durch das bedingungslose Vertrauen und die Zuneigung Ihrer jungen Katzen mehr als entschädigt. Wenn Sie Katzenwelpen bei sich aufnehmen, dürfen Sie erleben, wie diese eine immer engere Bindung zu Ihnen aufbauen. Sofern Sie sich genügend Zeit nehmen, werden Sie für Ihre jungen Katzen nämlich nicht nur Dosenöffner und Putzpersonal, sondern in erster Linie Spiel- und Sozialpartner, Beschützer und zwischendurch auch noch mal Mutterersatz sein.

KATZEN SIND BINDUNGSFÄHIG

Entgegen einem immer noch weit verbreiteten Irrglauben binden Katzen sich sehr stark an ihre menschlichen Sozialpartner, wenn diese sich entsprechend auf sie einlassen. Das gilt natürlich auch für erwachsene Tiere, aber die Kleinen sind eben noch weitgehend „unbeschriebene Blätter", die sich relativ unkompliziert und schnell an Ihre Lebensgewohnheiten und die Ihrer Familie anpassen, da sie einfach dort hineinwachsen. Außerdem macht es sehr viel Freude, die Fortschritte der anfangs noch tapsigen Kitten zu beobachten: Immer mutiger und geschickter erkunden sie ihren Lebensraum, den sie im Laufe weniger Wochen erheblich erweitern. Sehr bald zeichnen sich erste Vorlieben und spätere Charakterzüge der erwachsenen Katzen ab. Gerade, wenn Sie die Kindheit Ihrer Katzen bewusst verfolgen und genießen, werden Sie sich vor allem über eines wundern: wie schnell diese Zeit vorbei ist!

DER ENGE KONTAKT mit dem Menschengesicht bezeugt, dass dieses Kätzchen seinem Menschen vertraut.

AUS KÄTZCHEN WERDEN KATZENPERSÖNLICHKEITEN

Im Verhältnis zur durchschnittlichen Lebensspanne einer gesunden Wohnungskatze, die heutzutage durchschnittlich 15 Jahre und mehr beträgt, ist die Katzenkindheit nur eine sehr kurze Episode, selbst wenn man die Kindheit großzügig als die ersten zwölf Lebensmonate definiert. Nur ein Fünfzehntel des gesamten Katzenlebens oder sogar weniger entfällt somit auf Kindheit und Jugend einer Katze. Die längste Zeit werden Sie mit Ihren erwachsenen Katzen teilen, weshalb Sie sich gewissenhaft fragen sollten, ob sich die Faszination der Katzenbabys und -kinder auch auf die erwachsenen Tiere erstreckt und Sie bereit sind, 15 Jahre und länger mit allen Konsequenzen Verantwortung für Ihre kätzischen Mitbewohner zu übernehmen.

Info

DAS ERSTE LEBENSJAHR DER KATZE

Bis zum Ende der 3. Lebenswoche:	Säuglingsalter. Geringe Überlebenschancen ohne Mutter
4. bis 7. Lebenswoche:	frühes Kleinkindalter. Bedingt überlebensfähig ohne Mutter
8. bis 12. Lebenswoche:	Kleinkindalter. Das Kitten ist ohne Katzenmutter überlebensfähig, doch diese spielt jetzt eine wichtige Rolle beim Erlernen des Sozialverhaltens
4. bis 6. Monat:	Kindheit
7. bis 9. Monat:	Pubertät
10. bis 12. Monat:	Adoleszenz, d.h. die junge Katze reift zum erwachsenen Tier heran

Natürlich sind die Zeitangaben nur Richtlinien, denn auch Katzen sind Individuen. Gerade Pubertät und Adoleszenz können länger dauern und sich, unter anderem abhängig von der Rasse, nach vorne oder hinten verschieben. Orientalische Kurzhaarrassen gelten grundsätzlich als frühreif, während große Halblang- und Langhaarrassen wie Waldkatzen und Maine Coons eher spät erwachsen werden.

WENN KINDER achtsam mit Kitten umgehen, steht einer dauerhaften Freundschaft nichts im Wege.

KÄTZCHEN UND KINDER

Geben Sie bitte aus demselben Grund auf keinen Fall dem Wunsch Ihrer Kinder nach Katzenbabys statt, sofern Sie nicht selbst langfristig für die Katzen da sein können und möchten. Grundsätzlich sind Katzenkinder fantastische Spielkameraden für Kinder ab der Schulreife, wenn diese sich ernsthaft für die Beschäftigung mit den Tieren interessieren. Wichtig ist, dass Sie ihnen konsequente Regeln und eine gewisse Kompetenz im Umgang mit den Samtpfoten vermitteln. Ein Katzenkind, das häufiger grob angefasst oder gar am Schwanz gezogen wird, das willkürlich genau dann hochgenommen, durchgeknuddelt oder umhergetragen wird, wenn es sich gerade einen gemütlichen Schlafplatz gesucht hat, wird mit Sicherheit keine kinderfreundliche und auch keine vertrauensvoll entspannte erwachsene Katze. Damit das Zusammenleben von Kindern und Kitten gut geht, müssen Erstere verinnerlicht haben, dass ein Tier kein Spielzeug ist, sondern ein fühlendes Wesen, dessen Bedürfnisse und Recht auf Abgrenzung ebenso zu respektieren sind wie ihre eigenen. Außerdem werden aus den allzeit spielbereiten Kätzchen im Handumdrehen erwachsene Katzen, die sehr nachdrücklich signalisieren können, wann sie in Ruhe gelassen werden wollen. Falls Mieze mit einem Pfotenhieb auf Abstand geht, kann die einst so innige Freundschaft schnell abkühlen, zumal die Interessen des zweibeinigen Nachwuchses sich fast ebenso schnell ändern wie die ihrer vierbeinigen Spielgefährten. Dies wäre schade für Kinder und Katzen.

ABENTEUER KATZENKINDER

DOPPELTE FREUDE,
halber Stress

Sicher ist Ihnen schon aufgefallen, dass auf diesen Seiten fast ausschließlich von Katzenkindern die Rede ist statt von nur einem Katzenkind. Schon seit den 1960er-Jahren existieren diverse Veröffentlichungen von Verhaltensforschern, die herausgefunden hatten, dass domestizierte Katzen durchaus gesellige Neigungen besitzen. Haus- und Rassekatzen suchen auch als erwachsene Tiere nicht nur zu Fortpflanzungszwecken freiwillig die Gesellschaft von Artgenossen. In Städten wie Rom und St. Petersburg gibt es sogar riesige Hauskatzenkolonien, die dies eindrucksvoll belegen. Tatsächlich gehen Katzen mitunter sogar sehr tiefe und komplexe Freundschaften mit ihresgleichen ein, die oft ein ganzes Katzenleben lang halten. Bei der Auswahl ihrer besten Freunde sind die erwachsenen Tiere allerdings wählerisch, und es ist wohl in erster Linie diese Beobachtung, die Wasser auf die Mühle derjenigen schüttet, die immer noch fälschlich die Einzelhaltung von Katzen als richtig propagieren.

SCHON VIERWÖCHIGE KITTEN üben sich fleißig in Jagd- und Raufspielen.

DAS GRÖSSTE GESCHENK FÜR IHR KÄTZCHEN

Bitte lassen Sie sich durch diese veraltete Ansicht nicht beirren! Tatsächlich ist das größte Geschenk, das Sie einem einzelnen Katzenwelpen machen können, die Vergesellschaftung mit einem etwa gleichaltrigen Artgenossen. Ein Katzenkamerad ist besonders dann wichtig, wenn der Lebensraum Ihrer neuen Familienmitglieder ausschlißlich auf die Wohnung beschränkt bleibt. Auch wenn Sie viel außer Haus sind oder es künftig sein werden, sind zwei Katzenkinder eine weitaus bessere Wahl als die Aufnahme eines einzelnen Kitten. Sie werden sehr viel Spaß daran haben, wie die Kleinen sich beim gemeinsamen Jagdspiel überrumpeln, im Hoppelgalopp durch die ganze Wohnung fegen oder gemeinsam todesmutig ein etwas unheimliches neues Spielzeug bepirschen. Die Haltung zweier Kätzchen hat einen weiteren großen Vorteil: Ein Kitten-Duo stellt sehr viel weniger an als ein einzelnes Katzenkind, das sich schnell langweilt und auf Spielmöglichkeiten ausweicht, die für die Katze oder Ihre Einrichtung ungeeignet sind.

Und sollten Sie ausnahmsweise mal überhaupt keine Zeit zum gemeinsamen Spiel haben, beschäftigen sich die Kleinen miteinander, so wie sie sich auch gegenseitig über Ihre Abwesenheit hinwegtrösten. Egal, mit wie viel Liebe und Zuwendung Sie ein einzeln gehaltenes Katzenkind bedenken: Kein Mensch kann einen kätzischen Partner ersetzen und dem für die körperliche und geistige Entwicklung eines jungen, gesunden Kitten so wichtigem Spieldrang wirklich gerecht werden!

GLEICH UND GLEICH GESELLT SICH GERN

Gesunde junge Katzen sind in Bezug auf eine Zusammenführung mit ihresgleichen unkompliziert. Sie können sie in der Regel vollkommen problemlos zusammenführen, ohne ernsthafte Auseinandersetzungen zwischen den Tieren befürchten zu müssen. In den ersten Tagen mögen die Kleinen sich ein wenig suspekt sein und dies mit gelegentlichem Fauchen quittieren, aber das gibt sich schnell. Ideal ist es, wenn Sie Kätzchen aufnehmen, die sich schon kennen, also in der Regel Wurfgeschwister. Am besten harmonieren zwei Katerchen oder zwei Katzenmädchen miteinander.

Mit einer Kater-Katze-Konstellation treten sehr oft spätestens ab der Pubertät (also etwa ab dem siebten Lebensmonat)

DIE GESCHWISTER geben Wärme und Geborgenheit.

ABENTEUER KATZENKINDER

Probleme auf, da in diesem Entwicklungsabschnitt die unterschiedlichen Spielvorlieben der Geschlechter deutlicher zutage treten. Die meisten Kater balgen und raufen gerne, während Kätzinnen in der Regel lieber einem Spielzeug hinterherjagen und es nicht so ruppig mögen. Natürlich gibt es auch zart besaitete, sanftmütige Kater und draufgängerische Katzenmädchen, aber meist leiden die Damen entweder still unter ihren flegelhaften Brüdern und sind ständig auf der Flucht, oder sie maßregeln diese rabiat. In einigen Fällen verhärten sich die Fronten langfristig so sehr, dass die Halter sich schweren Herzens von einem der beiden Tiere trennen müssen – ein Risiko, das Sie besser vermeiden sollten.

JUNGE LIEBE MIT FOLGEN

Eine weitere Gefahr bei der Haltung von Kater-Katze-Kombinationen besteht darin, dass diese womöglich schon ziemlich früh Nachwuchs zeugen. Als verantwortungsbewusster Tierfreund sollten Sie Ihre Katzen ohnehin kastrieren lassen (mehr dazu auf Seite 104). Doch während Sie bei gleichgeschlechtlichen Katzen ohne Freigang einen gewissen Spielraum bezüglich der Wahl eines günstigsten Zeitpunktes für den Eingriff haben, müssen Sie nunmehr mit Argusaugen über Kater und Katze wachen. Bei Geschwistern besteht überdies das Risiko, dass diese Sie mit einem Inzestwurf überraschen. Die Gefahr, dass Ihr Kater-Katze-Paar Junge bekommt, lässt sich zuverlässig

KATZE UND KATER können harmonieren – aber häufig kommt es ab der Pubertät zu Konflikten.

nur über eine bereits vor dem vierten Lebensmonat erfolgende Kastration abwenden, denn schon halbjährige Kätzinnen können ihre Besitzer mit Nachwuchs überraschen! Da Kater noch etwa sechs Wochen nach dem Entfernen der Hoden zeugungsfähig sein können, weil sich reife Spermien in den Samenleitern befinden, lassen Sie bitte das weibliche Tier zuerst kastrieren. Der Vollständigkeit halber sei gesagt, dass die Frühkastration bei Tierärzten immer noch umstritten ist und manche Veterinare den Eingriff sogar ablehnen. Informieren Sie sich daher frühzeitig darüber, wie Tierärzte in Ihrer Gegend hierzu stehen und sprechen Sie den Punkt „Kastration" an, wenn Sie Ihre Kitten zum ersten Mal in einer Praxis vorstellen.

KEIN WELPENSCHUTZ FÜR KITTEN

Auch eine ältere Katze beziehungsweise mehrere ältere Katzen mit einem einzelnen Kitten zu vergesellschaften, ist nicht optimal für die Kätzchen. Die meisten ausgewachsenen Katzen reagieren für unsere Begriffe ziemlich intolerant auf ein spielwütiges Jungtier und dessen Energieüberschuss. Manche suchen nur gelangweilt bis entnervt das Weite, aber einige Tiere verhalten sich extrem ablehnend und werden handgreiflich – nicht nur Kater. Da kann ein Katzenkind nach einem Pfotenhieb schon mal quietschend über den Boden trudeln. Dieses Szenario wiederholt sich unter Umständen ziemlich oft, bis das Kleine entweder frustriert aufgibt oder die erwachsene Katze

„ICH HAB DICH LIEB!" – So geputzt werden nur die besten Freunde.

sich zurückzieht. Auch können sehr kleine oder zarte Kitten ernsthaft verletzt werden. Derart schlechte Erfahrungen sollten Sie den arglosen Jungspunden unbedingt ersparen. Im günstigsten Fall ist die ältere Katze zwar freundlich, aber weitgehend desinteressiert. Es kommt in Einzelfällen auch vor, dass der Senior sich vor dem Katzenbaby fürchtet, was mittelfristig zu Verhaltensauffälligkeiten wie Unsauberkeit führen kann. Gehen Sie so ein Risiko bitte gar nicht erst ein!

Dagegen werden zwei Kätzchen von einer Altkatze oder einer Gruppe älterer Tiere meist gut toleriert, da die Kleinen sich untereinander beschäftigen und nach ersten erfolglosen Annäherungsversuchen schnell begreifen, dass es besser ist, die „langweiligen Erwachsenen" einfach links liegen zu lassen. Zur Ehrenrettung der Spezies soll nicht unerwähnt bleiben, dass es auch überaus liebevolle „Katzenonkel" und „-tanten" gibt, die ganz entzückend mit den Kleinen umgehen – nur sollten Sie sich nicht darauf verlassen, dass gerade Sie so ein vorbildlich soziales Exemplar zu Hause haben.

KATZENKINDER
und andere Haustiere

HUNDE

„Sie sind wie Hund und Katze." Dieses bekannte Sprichwort verweist nicht nur auf einen Streit (meist zwischen Mann und Frau), sondern beschwört unüberbrückbare Differenzen zwischen zwei Spezies, die einfach keine gemeinsame Sprache und damit auch keine Basis für ein Miteinander besitzen. Die Realität sieht jedoch keineswegs so finster aus: Hund und Katze können gute Freunde werden oder zumindest problemlos Seite an Seite leben, wenn sie richtig zusammengeführt werden. Ältere Hunde ohne schlechte Erfahrungen mit Katzen sowie Welpen reagieren meist freundlich und neugierig auf Katzenkinder. Dennoch sollten die Tiere sich zunächst nur unter Aufsicht begegnen und der Hund hierbei immer kurz angeleint sein.

Die Katzenkinder müssen sich jederzeit zurückziehen können, beispielsweise auf einen standfesten hohen Kratzbaum oder in einen anderen Raum, den der Hund nicht betreten darf. Negative Ereignisse

KATZENKINDER UND ANDERE HAUSTIERE

brechen, zum Beispiel wenn die Tiere sich heftig erschrecken oder aufregen. Verzichten Sie in diesem Fall lieber ganz auf die Haltung von Katzen – es sei denn, Sie haben die Zeit, das Geld und die Konsequenz, die Tiere mithilfe eines professionellen Tiertrainers aneinander zu gewöhnen sowie die Möglichkeit, sie während Ihrer Abwesenheit stets zu trennen, ohne ihre vertrauten Lebensräume zu sehr einzuschränken. Ein ebenso auf Hunde- wie auf Katzenverhalten spezialisierter Trainer oder Tierpsychologe ist auch dann hilfreich, wenn Sie insgesamt bei der Zusammenführung unsicher sind oder erst mal eine weitere Meinung zu den charakterlichen Voraussetzungen Ihres Hundes einholen möchten.

KLEINTIERE UND EXOTEN

Ausgewachsene Kaninchen und Meerschweinchen haben von Katzenkindern nichts zu befürchten, sofern sie in ihren Ausläufen und Käfigen vor direktem Kontakt geschützt sind.
Meistens reagieren sie recht gelassen auf quirlige Katzenkinder und werden deshalb auch nicht als potenzielle Beute oder Spielpartner gesehen. Einen gewissen Schutz genießen sie auch durch die Tatsache, mindestens genauso groß wie die jungen Katzen zu sein. Dennoch sollten Sie diese Tierarten nie unbeaufsichtigt zusammen alleine lassen, denn auch Katzenkinder haben schon scharfe Krallen, können mit den Pfoten durch das Gitter in den Käfig greifen und die Bewohner ernsthaft verletzen. Auch wachsen Ihre Katzenkinder schnell heran, und dann

wie Schimpfen, Strafen und Zwang verbinden die Tiere unweigerlich mit der neuen Situation und der Anwesenheit des noch fremden Vierbeiners. Loben Sie daher jede freundliche Kontaktaufnahme sowie ruhiges, gelassenes Verhalten ausgiebig und vergessen Sie nicht, dass Hunde grundsätzlich eifersüchtiger als Katzen sind. Verwöhnen Sie Ihren Hund daher mit besonders viel Zuwendung – Ihre Kätzchen werden es Ihnen nicht verübeln. Jagdhunde und solche, die Katzen im Freien nachstellen, sind keine einfachen Kandidaten für das Zusammenleben mit Samtpfoten. Jagdlich geführte Hunde sind in der Regel vorbildlich erzogen, und Hunde unterscheiden durchaus zwischen zu ihrem Familienverband gehörenden und fremden Tieren, die dann „Freiwild" sind, doch können Animositäten oder der Jagdtrieb selbst immer wieder durch-

IN JEDEM KÄTZCHEN steckt noch ein Raubtier, in dessen Beuteschema vor allem Nager und Vögel fallen.

könnte ein Kaninchen oder Meerschweinchen doch mal interessanter für Ihre neugierigen Kätzchen sein, als Sie vermuten. Junge Kaninchen, aber auch ausgewachsene Ratten, Hamster und Mäuse sowie kleinere Vögel fallen genau in das Beuteschema von Katzen. Die ruckartigen und schnellen, huschenden Bewegungen, das Geflatter und Geraschel dieser Tierarten ist für jede Katze unwiderstehlich – sie reagiert instinktiv darauf. Insbesondere nervöse Vogelarten wie Zebrafinken und Kanarienvögel stehen bei ständiger Anwesenheit des Fressfeindes Katze unter großem Stress, aber auch Wellensittiche und andere kleine Sitticharten sind in Gefahr. Eine konsequente räumliche Trennung mit Sichtschutz ist hier das Mittel der Wahl, denn ein Leben in Angst und Schrecken würde diese kleinen, mit starken Fluchtimpulsen ausgestatteten Tierarten langfristig krank machen. Große Papageien, Reptilien und manche Amphibien können dagegen die Katzen gefährden. Papageien sind territorial, reagieren sehr schnell und beißen kräftig zu, wenn sie sich belästigt oder bedroht fühlen. Ihre Kätzchen können so schnell eine Zehe oder eine vorwitzig durchs Gitter baumelnde Schwanzspitze einbüßen. Einige Reptilien und Amphibien übertragen Gifte mittels Hautkontakt oder Biss, wenn sie bedrängt werden. Wenn Sie unsicher sind, informieren Sie sich bitte eingehend bei erfahrenen Haltern oder dem Züchter Ihrer Exoten. Im Zweifelsfall halten Sie die Kitten bitte konsequent getrennt von diesen Tieren.

ABENTEUER
mit Verantwortung

Sie sehen, es gibt einiges zu bedenken, bevor Ihre Katzenkinder bei Ihnen einziehen. Doch selbst ein gut geplantes Abenteuer birgt immer noch jede Menge Überraschungen, die dank Ihrer sorgfältigen Vorbereitung auf die Ankunft des vierbeinigen Familienzuwachses jedoch vor allem erfreulicher Natur sein werden. Genießen Sie die Kindheit und Jugend Ihrer Katzen bewusst, denn in dieser Zeit haben Sie die besten Voraussetzungen, um aus Ihren Katzenkindern menschenfreundliche, souveräne und glückliche Katzenpersönlichkeiten zu machen. Apropos Voraussetzungen: Im nächsten Kapitel erfahren Sie, welche Entwicklungen und Lernprozesse Ihr Kätzchen in den für seine Persönlichkeitsbildung äußerst wichtigen ersten zwölf Lebenswochen durchläuft. Sein Abenteuer hat nämlich schon begonnen, bevor es bei Ihnen einzieht!

FRÜHE STREICHELEINHEITEN vom Sozialparter Mensch sind wichtig für die Entwicklung der Kleinen.

Test

SIND SIE BEREIT FÜR DAS ABENTEUER KATZENKINDER?

Bitte beantworten Sie die Fragen für sich selbst ehrlich. Wenn Sie die Fragen 1 bis 9 mit „Nein" und die Fragen 10 bis 12 mit „Ja" beantworten, haben Sie beste Voraussetzungen, um sich auf das Abenteuer Katzenkinder einzulassen. Anderenfalls notieren Sie bitte die kritischen Punkte und entscheiden nach dem Lesen dieses Buches, ob die Anschaffung von Katzenkindern für Sie infrage kommt.

1. Leben in Ihrem Haushalt Kinder, die jünger als fünf Jahre sind oder planen Sie demnächst Nachwuchs?

    JA   NEIN

2. Wären die Katzenkinder im ersten halben Lebensjahr regelmäßig länger als fünf Stunden täglich alleine?

    JA   NEIN

3. Leben in Ihrem Haushalt bereits andere Haustiere?

    JA   NEIN

4. Ist Ihr Wohnraum überwiegend mit wertvollen Möbeln, Teppichen oder anderen Einrichtungsgegenständen ausgestattet, die Ihnen sehr viel bedeuten?

    JA   NEIN

5. Stehen Ihnen weniger als 40 Quadratmeter Wohnraum zur Verfügung?

    JA   NEIN

6. Gibt es in Ihrem Haushalt Katzenallergiker?

    JA   NEIN

7. Möchten Sie trotz ausschließlicher Wohnungshaltung prinzipiell nur ein Katzenkind aufzunehmen?

    JA   NEIN

8. Verreisen Sie und Ihre Familie häufig und für längere Zeit?

    JA   NEIN

9. Planen Sie in den nächsten zwölf Monaten größere räumliche Veränderungen wie einen Umzug oder Hausbau?

    JA   NEIN

10. Haben Sie die finanziellen Mittel, um pro Katze monatlich 50 EUR auszugeben und pro Jahr und Katze etwa mindestens 300 EUR für Tierarztkosten bereitzuhalten?

    JA   NEIN

11. Haben Sie zuverlässige Katzenhüter bzw. Unterbringungsmöglichkeiten, falls Sie – auch unvorbereitet – für längere Zeit Ihre Katzen nicht selbst versorgen können?

    JA   NEIN

12. Gestattet Ihr Vermieter beziehungsweise die Eigentümergemeinschaft die Haltung von Katzen?

    JA   NEIN

Großes Wunder – KLEINE KATZE

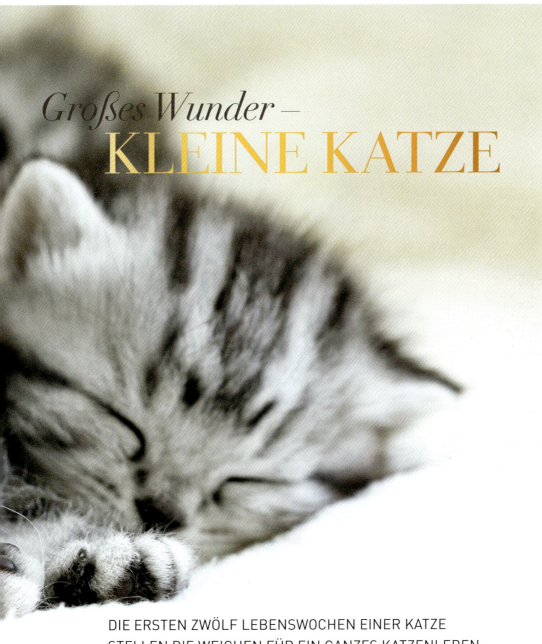

DIE ERSTEN ZWÖLF LEBENSWOCHEN EINER KATZE STELLEN DIE WEICHEN FÜR EIN GANZES KATZENLEBEN. ANGEBORENES WIRD WEITER TRAINIERT UND LERNPROZESSE BEREITEN DAS KÄTZCHEN OPTIMAL AUF DIE INTERAKTION MIT SEINEM KÜNFTIGEN LEBENSRAUM VOR. LESEN SIE HIER ERSTAUNLICHES ÜBER DIE GANZ KLEINEN.

GROSSES WUNDER – KLEINE KATZE

Die ersten zwei LEBENSWOCHEN

TRINKEN, SCHLAFEN, WACHSEN

Nach einer Tragzeit von durchschnittlich 63 Tagen (Abweichungen um vier bis fünf Tage sind normal) werfen Katzenmütter ihre Jungen. Während der erste Wurf einer jungen Kätzin oft nur aus zwei oder drei Babys besteht, sind vier bis sechs Welpen die Regel. Sehr große Würfe können auch mal acht bis neun Junge zählen. Auf jeden Fall hat die frisch gebackene Mutter fortan alle Pfoten voll zu tun, denn die Entwicklungsschritte, die ihre Babys in den ersten zwölf Lebenswochen durchlaufen, vollziehen sich in einem geradezu atemberaubenden Tempo. Gesunde Kitten einer Hauskatze wiegen bei ihrer Geburt etwa 80 bis 100 Gramm und passen mit einer Rumpflänge von gut zehn Zentimetern bequem in die Hand eines Erwachsenen. Oft verlieren sie in den ersten zwei bis drei Tagen nach der Geburt etwas an Gewicht, doch grundsätzlich nehmen sie bis zur zwölften Lebenswoche jede Woche um die 70 bis 100 Gramm zu – eine enorme Leistung für den kleinen Organismus!

IMMER BEI DER MUTTER

Die ersten beiden Lebenswochen verbringen die jungen Kätzchen ausschließlich bei der Mutter, auf deren intensive Fürsorge sie in dieser Zeit vollkommen angewiesen sind. Nach der Geburt leckt die Katzenmutter sie gründlich ab und regt durch die Zungenmassage den Kreislauf der Kleinen an. Dann müssen sie ihre erste große Lebensaufgabe bewältigen: Es gilt, eine Zitze zu finden und die immens wichtige erste Muttermilch (Kolostrum) aufzunehmen, die eine besondere Mischung aus Proteinen, Enzymen sowie Antikörpern enthält – ein echter Powerdrink also, der das noch nicht entwickelte Immunsystem der Kitten stärkt und sie in den ersten Lebenswochen bis zu einem gewissen Grad vor Infektionen schützt. Mit ihrer rauen Zunge bringt die Mutter auch die Verdauung der Jungen in Gang und verzehrt anschließend die Ausscheidungsprodukte. Ansonsten wird geschlafen, geschlafen, und geschlafen…

> *Wussten Sie…*
>
> …das junge Katzenbabys einen „Drall" haben? Indem sie entweder die linken oder rechten Gliedmaßen stärker einsetzen, robben sie in einer spiralförmigen Bewegung wieder auf die sichere Nestmitte zu.

[a]

[b]

[c]

[a] **DIE KLEINEN** geben sich auch gegenseitig die lebenswichtige Nestwärme, ...

[b] ... aber noch schöner ist das Kuscheln mit der Mutter.

[c] **SCHON BEI NEUGEBORENEN KITTEN** sind die Krallen zwar voll ausgebildet, aber zart und weich.

[d] **NOCH SIND AUGEN UND OHREN** dieses Kätzchens geschlossen. Es orientiert sich ausschließlich über den Geruchs- und Tastsinn.

[e] **MIT FÜNF KITTEN** ist diese Katzenmutter voll ausgelastet. Größere Würfe zehren die Mutter oft stark aus.

[d]

[e]

KITTEN DESSELBEN WURFS können ganz unterschiedlich aussehen und sogar verschiedene Väter haben.

JEDE MENGE RUHE

Ungestörter Schlaf ist für die Neugeborenen ein absolutes Muss, da ihr Wachstum hauptsächlich in den Ruhephasen stattfindet. Daher sollte man die Kitten in den ersten zwei Wochen nur für kurze Zeit zum Wiegen oder für eine gegebenenfalls erforderliche medizinische Versorgung aus dem Wurflager nehmen. Auch kurzes Streicheln und In-der-Hand-halten von ein bis zwei Minuten ist wichtig, da es die körperliche Frühentwicklung fördert, wie Studien belegen. Am besten übernimmt dies die Person, der die Katzenmutter am meisten vertraut. Andere Menschen und Tiere haben in unmittelbarer Nähe des Wurfes vorerst nichts zu suchen, denn Störungen – sowohl der Mutter als auch ihres Nachwuchses – beeinträchtigen das Wachstum der Kätzchen, und Besucher können gefährliche Krankheitserreger einschleppen.

DER ÄLTESTE SINN DER SÄUGETIERE

Katzenbabys werden blind und taub geboren, aber wie bei allen Säugetierbabys ist ihre Fähigkeit, Gerüche zu erkennen, bereits gut ausgeprägt. Der Geruchssinn ist uralt und ein Erbe der ersten Einzeller auf unserem Planeten, die sich über ein chemisches Schlüssel-Schloss-Prinzip fanden, um sich zu vermehren. In Verbindung mit Tastsinn und Temperaturempfinden hilft der Geruchssinn den Babys beim Aufspüren der mütterlichen Milchbar. Tatsächlich identifizieren die Kätzchen schon vom dritten Lebenstag an so die von ihnen gewählte Zitze und suchen diese fortan zielstrebig auf – eine gute Strategie, um unnötiges, kräftezehrendes Gerangel mit den Geschwistern zu vermeiden, denn in den ersten Tagen sind die Kitten körperlich noch recht schwach. Sie verlagern ihr Gewicht höchstens durch Drehungen von Oberkörper und Hüfte, während die Beinchen – abgesehen vom Milchtritt – recht ziellos paddeln. So hat die erholungsbedürftige Katzenmutter vorerst alles unter Kontrolle und kann ihre Kinderschar im Nest zusammenhalten, ohne sich weiter verausgaben zu müssen.

EMPFINDLICHE WESEN

Die neugeborenen Kitten erwecken zwar den Eindruck, als ob sie noch nicht viel mitbekämen, aber dem ist nicht so: Sie reagieren auf unangenehme Reize im Rahmen ihrer Möglichkeiten mit Rückzug und empfinden bei entsprechender Behandlung Schmerzen. Tatsächlich sind sie sogar wesentlich schmerzempfindlicher als erwachsene Tiere – ein Schutzmechanismus der Natur, der dafür sorgt, dass die Babys selbst bei geringfügigen Schmerzreizen sofort laut klagend nach ihrer Mutter rufen. Umso verabscheuungswürdiger ist angesichts dieser Tatsache die vor allem in ländlichen Regionen immer noch weit verbreitete Praxis, unerwünschte Katzenwelpen mit fragwürdigen Methoden umzubringen oder die neugeborenen Kätzchen einfach der Mutter wegzunehmen, ohne deren Fürsorge sie langsam und qualvoll verenden.

KÄTZCHEN MÜSSEN ERST „WARMLAUFEN"

Besonders sensibel reagieren sehr junge Kitten auf Kältereize, denn ihr Organismus erwirbt die Fähigkeit zur eigenständigen Temperaturregelung erst im Laufe

ZIELSTREBIG findet das Junge „seine" Zitze.

der ersten sieben Lebenswochen. In diesem Zeitraum steigt ihre Körpertemperatur von circa 37 Grad Celsius langsam auf die erwachsener Tiere, die bei 38,5 bis 39 Grad Celsius liegt. Je jünger die Kätzchen sind, desto gefährlicher ist Kälte daher für sie – sie können sich noch nicht mithilfe der Muskulatur warm zittern und sind darauf angewiesen, ihre kleinen Körper mit den Geschwistern kuschelnd und zuverlässig beheizt von ihrer Mutter auf „Betriebstemperatur" zu halten. Wird ein Kitten versehentlich abgedrängt, sucht es mit pendelnden Kopfbewegungen in Kreisen robbend die wärmenden Geschwister und die Mutter. Ein Junges, das sich weitab vom Nest wiederfindet, macht sofort mit dünnem, durchdringenden Fiepen auf sich aufmerksam. Dies ruft sofort die Katzenmutter auf den Plan, die das Kleine mit sicherem Griff an der Nackenfalte zurück ins Wurflager trägt.

MIT ENERGISCHEM NACKENGRIFF wird der Katzenwelpe ins Wurflager zurückgebracht.

VORSICHT, HITZE!

In unseren Breiten weniger oft bedacht wird, dass auch große Wärme für die Kleinen eine ernsthafte Gefahr darstellt. In den ersten zwei Wochen darf die Temperatur des Wurflagers ruhig 30 bis 32 Grad Celsius betragen, aber direkte Sonneneinstrahlung und höhere Temperaturen sind lebensgefährlich, da die Kätzchen auch schnell überhitzen und austrocknen können. Falls zum zusätzlichen Wärmen des Wurflagers oder aus medizinischen Gründen für die Mutterkatze eine Rotlichtlampe verwendet wird, muss den Tieren immer die Möglichkeit gegeben werden, sich innerhalb des Lagers aus der direkten Bestrahlung zurückzuziehen. Ein auf 37 Grad Celsius eingestelltes Heizkissen oder eine entsprechend temperierte Wärmflasche – ebenfalls unter Aufsicht – sind auf jeden Fall die besseren Alternativen.

BEI DIESEM KITTEN sieht man, wie die Augen sich gerade zu öffnen beginnen.

DIE SINNE ERWACHEN

Während die Kitten im Schutz ihres Lagers vor allem in der ersten Lebenswoche ein scheinbar eintöniges Leben führen, das nur aus Fressen und Schlafen besteht, geschieht „hinter den Kulissen" sehr viel.

DIE ERSTEN ZWEI LEBENSWOCHEN

WEISSE, blauäugige Katzen sind oft taub.

Nicht nur Verdauungstrakt, Leber und Nieren wachsen und reifen allmählich zu ihrer vollen Funktionsfähigkeit, auch das Gehirn entwickelt sich kontinuierlich weiter und prägt ebenso wie das Nervensystem die entsprechenden Strukturen aus, um das Erwachen von zwei weiteren Sinnen vorzubereiten: Gehör und visuelle Wahrnehmung.

Im Alter von etwa fünf Tagen öffnet sich der bisher schützend geschlossene äußere Gehörgang, und spätestens am Ende der ersten Lebenswoche können die Kleinen hören. Das Gehirn erhält damit eine neue Aufgabe: Es muss erst lernen, akustische Eindrücke zu verarbeiten und vor allem angemessen zu bewerten. Deshalb reagieren die Kitten erst am Ende der zweiten Lebenswoche differenziert auf Umweltgeräusche. Aber bereits im Alter von vier Wochen entspricht ihre Hörleistung und Zielsicherheit beim Orten von Geräuschquellen der erwachsener Tiere.

Info

SCHÖNHEITEN MIT HANDICAP

Wussten Sie, dass rein weiße Katzen häufig taub sind? Am häufigsten betroffen sind weiße Tiere, die als Erwachsene blauäugig sind, denn das Gen, welches die blaue Augenfarbe hervorruft, sitzt im DNA-Strang in unmittelbarer Nähe desjenigen, das eine Degeneration der Hörschnecke verursacht. Benachbarte Gene vererben sich oft gemeinsam, und so sind etwa 70 Prozent aller blauäugigen Katzen taub. Hieraus resultiert auch, dass weiße Katzen mit verschiedenfarbigen Augen oft nur einseitig gehörlos sind, und zwar auf der Seite, auf der das blaue Auge liegt.

Bis etwa zum Ende der fünften Lebenswoche haben alle Katzenbabys violettblaue, leuchtend blaue bis grau-blaue Augen, da sich in der Iris noch nicht das Pigment Melanin gebildet hat. Erst danach zeichnet sich die künftige Augenfarbe ab. Bei den meisten Tieren beginnt die endgültige Augenfarbe sich in der fünften bis sechsten Lebenswoche auszuprägen. Bei einem zwölfwöchigen Kätzchen kann man schon recht genau erkennen, welche Farbe bleiben wird, aber sie kann sich in Einzelfällen noch bis zum dritten Lebensjahr leicht verändern.

Wenn Sie unsicher sind, ob Ihre weißen Kitten hören können, lassen Sie sie beim Tierarzt testen. Wichtig: Tauben Katzen sollten Sie auf keinen Fall ungesicherten Freigang gestatten, da sie potenzielle Gefahren wie nahende Hunde oder Autos zu spät bemerken würden!

DIE HEILIGE BIRMA behält ihre blauen Augen auch als erwachsene Katze.

SCHAU MIR IN DIE AUGEN, KLEINES!

Junge Katzen öffnen die Augen im Schnitt im Alter von zehn Tagen, aber manche Kätzchen riskieren durchaus schon in der ersten Lebenswoche einen Blick, während andere die Augen bis zur dritten Woche geschlossen halten. Offenbar sind Katzendamen neugieriger auf die Welt: Verhaltensforscher haben beobachtet, dass meist die weiblichen Tiere eines Wurfes zuerst die Augen öffnen. Warum das so ist, entzieht sich allerdings immer noch unserer Kenntnis. Auf jeden Fall ist für viele menschliche „Katzeneltern" das Öffnen der Augen ein ganz besonderer Moment, denn der Mensch ist bekanntlich ein Augentier. Wir empfinden die Augen eines Mitgeschöpfs als Spiegel seiner Seele, und der Niedlichkeitsfaktor der Kätzchen potenziert sich mit dem Öffnen der Augen zweifellos noch einmal.

SEHEN UND KÖRPER- KOORDINATION

Mit der zunehmenden Sehfähigkeit – erst gegen Ende der fünften Lebenswoche ist das Augenwasser ganz klar – steigt auch die körperliche Aktivität der Kätzchen spürbar. Das Sehen spielt nämlich beim Erlernen der Körperkoordination eine wichtige Rolle, und Sie werden beobachten, wie die Kleinen sich jetzt immer entschlossener auf noch wackeligen Beinchen aufstemmen, erste Schritte machen und anfangen, im Wurflager umherzuwuseln. Der Gesichtssinn ist neben dem Gehör der wichtigste Sinn der Katze – schließlich werden die kleinen Wollknäuel einmal zu eifrigen Jägern, die stark auf Bewegungen einer möglichen Beute reagieren. Dank des *Tapetum lucidum*, einer lichtreflektierenden Schicht hinter der Netzhaut, sehen Katzen im Dunkeln sechsmal so gut wie wir – eine optimale Anpassung an nächtliche Aktivität.

Die dritte bis siebte LEBENSWOCHE

Etwa gegen Ende der dritten Lebenswoche machen gesunde Kätzchen richtig mobil! Ab jetzt wird das Gehen fleißig geübt – einen wackeligen Schritt nach dem anderen. Weit kommen sie allerdings noch nicht, denn die Gliedmaßen sind zu kurz und schwach für längere Exkursionen. Erst im Alter von vier Wochen klappt die Körperkoordination so gut, dass die Kitten nicht nur lebhaft im Wurflager spielen, sondern sich auf ihren Ausflügen auch schon einige Meter weit aus dem schützenden Nest entfernen. Die Katzenmutter ist mittlerweile froh, wenn sie nicht ständig ihre Rasselbande um sich hat, denn die ersten Milchzähne der Welpen haben sich auch schon ihren Weg gebahnt. Jetzt kann geknabbert und gezwickt werden – leider auch am Gesäuge der Mutter, die zunehmend intoleranter reagiert, wenn ihr Nachwuchs sich an der Milchbar nicht anständig benimmt. Dies ist genau der richtige Zeitpunkt, um den Kleinen Feuchtfutter in einer flachen Schale anzubieten, das gerne angenommen wird, sobald die Mutter gezeigt hat, wie es geht. Es muss kein spezielles Kittenfutter sein, sofern eine hochwertige Sorte mit hohem Proteinanteil verwendet wird.

IN GESELLSCHAFT schmeckt das neue Futter gleich doppelt so gut.

ERSTE SCHRITTE IN DIE WELT

Während die Kätzchen vor nur zwei Wochen noch hilflose, vollkommen von der Mutter abhängige Würmchen waren, streben mutige Kitten bereits im zarten Alter von drei Wochen aus dem sicheren Nest heraus. Schon eine Woche später kann man beobachten, wie die Kleinen lebhaft miteinander spielen und anfangen, im Umgang mit Geschwistern und Mutter erste Jagd- und Beutefangaktivitäten einzuüben. Jetzt darf und soll der Mensch über kurzes Streicheln sowie die Kontrolle von Gesundheit und Wachstum der Kleinen hinaus ins Spiel kommen, und zwar im wahrsten Sinne des Wortes. Er hat das verantwortungsvolle Vergnügen, die weitere Entwicklung der Babys mit dem nötigen Sachverstand, Feingefühl und viel Liebe zu begleiten und ihnen beizubringen, dass Zweibeiner nicht nur akzeptable Dosenöffner und amüsante Spielkameraden sind, sondern vor allen Dingen kompetente Sozialpartner, denen ein Kätzchen vertrauen kann.

FRÜHE POSITIVE ERFAHRUNGEN mit Menschen sind für das ganze Katzenleben prägend.

VON KÜKEN UND KÄTZCHEN: DIE PRÄGEPHASE

Sobald dem Kätzchen alle Sinne zur Verfügung stehen, beginnt die überaus wichtige Prägephase. Vielleicht erinnern Sie sich aus der Schulzeit noch an die Experimente, die Konrad Lorenz mit Gänseküken durchführte: Die frisch geschlüpften Gössel sahen in dem Verhaltensforscher ihre Mutter, weil er das erste Lebewesen war, das sie nach dem Schlüpfen erblickten. Da Gänse Nestflüchter sind, erfolgt ihre Prägung extrem schnell und nachhaltig, damit sie bei Gefahr bedingungslos und unbeirrt der Mutter folgen.

Unsere Haus- und Rassekatzen sind jedoch Nesthocker sowie Beutegreifer. Das bedeutet, dass sie viel differenzierter auf ihre Umwelt reagieren müssen als eine Gans, die ihrer Nahrung nicht nachstellen muss. Aber auch sie sind für Erfahrungen und Umwelteindrücke in den ersten zwölf Wochen besonders sensibel: Positives wie Negatives prägt sich in diesem Lebensabschnitt tief ein und lässt sich später entweder gar nicht mehr oder nur mit sehr viel Geduld, Kenntnissen der Lerntheorie sowie großem zeitlichen Aufwand korrigieren. Die Mutter ist als Vorbild in dieser Zeit ebenfalls enorm wichtig, denn wenn das Kitten nicht so recht weiß, was es von einem fremden Wesen, unbekannten Gegenständen oder einer Situation halten soll, wird es sich instinktiv an ihrem Verhalten orientieren. Die Menschen, in deren Obhut die Katzenbabys heranwachsen, tragen somit eine große Verantwortung für das Formen eines souveränen, menschenbezogenen Katzencharakters.

SCHON DIE KLEINSTEN können lernen, dass nicht alles, was brüllt, auch gefährlich ist.

LERNEN FÜRS LEBEN

Zwischen der dritten und siebten Lebenswoche sind die Kätzchen besonders empfänglich für die Prägung durch sämtliche Umwelteindrücke. Deshalb sollten die Kleinen auf keinen Fall vom Alltag ihrer menschlichen Familie abgeschirmt werden, auch wenn es sinnvoll ist, ihre Spielaktivitäten vorerst aus Sicherheitsgründen auf ein Zimmer zu beschränken. Durch eine Gittertür hindurch oder bei beaufsichtigten Spaziergängen mit ihrer Mutter können sie möglichst viel und abwechslungsreichen Kontakt zu ihrer Umwelt erhalten: Alltägliches wie Musik, das Flackern eines Fernsehbildschirms, die Betriebsgeräusche von Haushaltsgeräten, draußen vorbeifahrende Autos, Baustellen- und Fluglärm, Vogelgezwitscher, menschliche Unterhaltungen oder Kindergeschrei und viele Eindrücke mehr werden in dieser Zeit verarbeitet und schließlich unter „harmlos" abgespeichert. Der Staubsauger mag anfangs suspekt sein, aber wenn Mama keine Angst davor hat, kann das Ding nicht wirklich gefährlich sein, auch wenn es merkwürdig brummt und den Boden um sich herum vibrieren lässt…

IST DIE MUTTER ENTSPANNT, ist ihr Nachwuchs es auch, wie diese Spielszene deutlich zeigt.

JUNGE KATZEN sind für alle Sinneseindrücke offen. Was neu ist, wird von den Zwergen untersucht.

DER KLEINE LÖWENZAHN ist ebenso spannend wie der große Kratzbaum.

SPIELZIMMER FÜR KATZENKINDER

Ein gut eingerichtetes Katzenkinderzimmer, in dem der Nachwuchs etwa bis zum Ende der achten Lebenswoche untergebracht werden sollte, ist mit maximal einem Meter hohen, standfesten Kratz- und Kletterelementen ausgestattet sowie mit Spielzeugen, die so beschaffen sind, dass die Kitten sie oder Teile davon auf keinen Fall verschlucken können. Kuschelhöhlen sind ebenfalls sinnvoll: Sie werden für ein Nickerchen oder als Versteck, in dem man herrlich den Geschwistern auflauern kann, genutzt. Wichtig sind außerdem mehrere flache, offene Katzentoiletten mit nicht klumpender Streu, die von den Zwergen schnell gefunden werden, wenn ein großes oder kleines Geschäft ansteht. Die meisten handelsüblichen Modelle besitzen einen mindestens zehn Zentimeter hohen Rand, der anfangs noch Probleme bereiten kann, aber entweder schneidet man mit dem Cuttermesser eine niedrige Einstiegsöffnung hinein oder besorgt sich flachere Kunststoffboxen im Baumarkt oder Einrichtungshaus.

Ab der vierten Lebenswoche können die Kätzchen das Ausscheiden von Kot und Urin bereits recht gut selbst kontrollieren, aber sie sind immer noch Babys, denen hin und wieder ein Malheur passiert. Von der Katzenmutter lernen in der Wohnung gehaltene Kätzchen jedoch schnell, wofür die Kiste mit dem knirschenden Zeug eigentlich da ist, selbst wenn es gelegentlich vorkommt, dass ein Kitten das Klo als Schlafplatz nutzt. Keine Angst, das ist ein klassischer „Anfängerfehler", der sich bald auswächst.

DIE DRITTE BIS SIEBTE LEBENSWOCHE

ANDERE TIERE KENNENLERNEN
Nun ist auch der richtige Zeitpunkt gekommen, um den Kätzchen andere Tierarten vorzustellen, mit denen sie ihr Heim vielleicht in Zukunft teilen werden. Der Kontakt mit einem an Katzen gewöhnten, freundlichen Hund sorgt dafür, dass die Kitten später Angehörigen dieser Spezies gelassen begegnen.

AN DIE TRANSPORTBOX GEWÖHNEN
Spielerisch eingeübt werden kann in dieser Phase auch schon die Gewöhnung an die Transportbox: Stellen Sie diese in das Kinderzimmer der Kätzchen und lotsen Sie einen interessierten Kandidaten (es dürfen auch ruhig zwei auf einmal sein) mit einem attraktiven Spielzeug hinein. Sobald das funktioniert, können Sie kurz die Tür schließen, die Box anheben und ein paar Schritte damit gehen. Setzen Sie den kleinen Passagier beziehungsweise die Passagiere aber anfangs schnell wieder ab, loben Sie überschwänglich und bieten dann noch eine Spielrunde an.

SPIELEN IN DER PRÄGEPHASE
Apropos Spielen: Die Beschäftigung mit Spielzeug ist ein wichtiger Aspekt der Prägephase. Geben Sie den Kätzchen die Möglichkeit, zwischen mehreren Angeboten auszuwählen, denn die Vorlieben für bestimmte Spielzeuge bilden sich jetzt schon aus. Spezielles Katzenspielzeug wie Federangeln, Federwedel, Schaumstoffbällchen, Plüschmäuse, aber auch einfache Dinge wie ein großer Sektflaschenkorken, ein zusammengeknülltes Papierbällchen, eine herrlich raschelnde Papiertüte ohne Henkel oder ein Rascheltunnel sorgen für ausgiebiges Spielvergnügen. Bitte denken Sie daran, Spielzeug mit Schnüren (Gefahr des Strangulierens, auch von Gliedmaßen) oder leicht abzuknabbernden Teilen nach dem Spiel stets katzensicher wegzuräumen, damit Ihre Kätzchen nicht unbeaufsichtigt damit spielen.

VORLIEBEN für bestimmte Spielzeuge lassen sich oft schon früh beobachten.

Info

EIGNUNGSTEST FÜR KITTENTAUGLICHE STREU

Kitten bis zum Alter von bis zwölf Wochen probieren gerne mal aus, ob sie nicht die Streu fressen können – und riskieren beim Verzehr größerer Mengen einen Magen- oder Darmverschluss. Auch können sie lebensgefährlich dehydrieren, da im Darm befindliche Tonstreu (Bentonitstreu) dem Körper Wasser entzieht. Deshalb ist sogenannte Klumpstreu für Katzenbabys ungeeignet. Um sich angesichts der Vielzahl der angebotenen Streusorten Gewissheit zu verschaffen, ob diese für die Katzenjungen ungefährlich sind, können Sie folgenden Test durchführen:

Schütten Sie etwa einen gestrichenen Esslöffel der zu testenden Streu in ein kleines Wasserglas (ca. 0,2 Liter). Anschließend füllen Sie das Glas zur Hälfte mit Leitungswasser auf und warten ab, bis die Mischung sich gesetzt hat. Nehmen Sie einen Teelöffel und heben Sie damit das Streusediment heraus. Verklumpt die Streu, ist sie ungeeignet für Kitten, die jünger als zwölf Wochen sind. An der Trübung des Wassers sehen Sie außerdem, wie viel Staub die Streu abscheidet. Meiden Sie extrem staubige Sorten. Bei einer guten, nicht klumpenden Streu sind auf dem Teelöffel die einzelnen Streukörner noch deutlich voneinander abgesetzt, und das Wasser ist nur mäßig trüb. Wählen Sie für Ihre Kätzchen am besten eine mittelfeine Streu (Größe der Körner bei etwa 0,6 bis 1 Zentimeter) ohne zusätzliche Duftstoffe. Damit die Mutter diese Streu ebenfalls annimmt und den Kätzchen die Verwendung des Katzenklos vorführt, sollte sie bereits an diese Streu gewöhnt sein. Das erreichen Sie, indem Sie die neue Sorte zu Beginn der Trächtigkeit unter die gewohnte Streu mischen und ihren Anteil von Woche zu Woche ein wenig erhöhen.

Falls ein Kätzchen gezielt immer wieder größere Streumengen frisst, stellen Sie es bitte umgehend Ihrem Tierarzt vor, da es unter Umständen ernsthaft erkrankt ist und Schmerzen hat.

Die achte bis zwölfte LEBENSWOCHE

Leider werden immer noch viele Kätzchen im Alter von acht Wochen oder jünger abgegeben, und in älteren Katzenbüchern kann man vielfach nachlesen, dass dies das ideale Alter sei, um die Kitten von der Mutter zu trennen, sei es um sie „richtig auf Menschen zu sozialisieren" oder einfach aufgrund der Tatsache, dass sie jetzt schon vorwiegend andere Nahrung als Muttermilch zu sich nehmen, Wasser trinken, das Katzenklo benutzen, sich putzen und auf den unwissenden Beobachter „selbstständig" wirken. Doch das Sozialverhalten von domestizierten Katzen wurde im Laufe der letzten 30 Jahre in verschiedenen Ländern erstmals gründlich untersucht, und die Verhaltensforscher kamen zu der Erkenntnis, dass sowohl die Mutter als auch die Geschwister bis zur zwölften Lebenswoche eine große Rolle für die artgerechte Entwicklung der Kätzchen spielen.

BIS ZUM ENDE DER ZWÖLFTEN LEBENSWOCHE sollten Kätzchen unbedingt bei ihrer Mutter bleiben.

GROSSES WUNDER – KLEINE KATZE

ZEIT FÜR DEN SOZIALEN FEINSCHLIFF

In dieser Zeit entwöhnen die meisten Katzenmütter die Kleinen und setzen ihnen damit immer häufiger Grenzen, indem sie ihnen den Zugang zum Gesäuge verweigern. Die Kitten lernen so, Frust auszuhalten und ein „Nein" ihrer Mutter zu respektieren, dem diese mit Fauchen, Abwenden oder einem Nasenstüber Nachdruck verleiht. Insgesamt liegt der Schwerpunkt nun auf dem Erlernen eines differenzierten Sozialverhaltens – der angemessenen und artgemäßen Interaktion mit einem anderen Lebewesen.
Zwar spielen und raufen die Kätzchen bereits seit der vierten Lebenswoche lebhaft miteinander, aber nun treten andere Aspekte ihres Spiels in den Vordergrund: Es werden nicht nur instinktiv verankerte Bewegungsabläufe und Verhaltensweisen eingeübt (beispielsweise aus dem Bereich der Jagd, der Droh- und Kampfgebärden), um die Körperkoordination zu schulen und die Muskeln zu trainieren. Vielmehr lernen die Kätzchen jetzt nachhaltig, welche Reaktionen ihre eigenen Handlungen bei Artgenossen, Menschen und anderen Tierarten im Haushalt hervorrufen.

VON OBEN kann man die Geschwister toll belauern und seinen Platz behaupten.

DIE ACHTE BIS ZWÖLFTE LEBENSWOCHE

SPIELEN UND KRÄFTE-MESSEN

Die Spiele der kleinen Katzen werden jetzt immer komplexer und beinhalten zunehmend Verhaltensweisen erwachsener Tiere. Immer häufiger geht es bei den kleinen Katzen ums Kräftemessen. Doch es zählt nicht nur, wer der Stärkere ist: Die Kätzchen verstehen auch immer besser, dass das schönste Spiel mit Bruder oder Schwester bald vorbei ist, wenn diese zu grob behandelt werden. Dann folgen Fauchen, Pfotenhiebe und Unmutsgeschrei, und der kleine Aggressor steht plötzlich alleine auf weiter Flur: Keiner spielt mehr mit ihm! Nur wer die Spielregeln einhält und die Grenzen der anderen respektiert, ist auch ein gerne gesehener Spielpartner. Darüber hinaus gehört auch der Rollentausch zum sozialen Spiel der Kleinen – der Jäger wird zum Gejagten und umgekehrt.

Auch „Burgen besetzen" ist ein beliebter Zeitvertreib. Bei diesem Spiel besetzt ein Tier eine erhöhte Position (beispielsweise die Plattform des Kratzbaums) und verteidigt diese gegen von unten auf diesen Platz drängende „Angreifer". Hierbei lernen die Kitten, dass nicht nur Körperkraft zählt, sondern auch Geschicklichkeit und strategisches Vorgehen.
Damit die Kätzchen die oben genannten, überaus wichtigen Lernprozesse durchlaufen können, sollte man ihnen mindestens bis zum Ende der zwölften Lebenswoche die Gesellschaft der Mutter und der Geschwister gönnen. Hierdurch werden sie auch als erwachsene Tiere souveräner mit ihresgleichen umgehen, weniger anfällig für Stress sein und entsprechend weniger zu Verhaltensauffälligkeiten neigen als Tiere, die zu früh von Mutter und Geschwistern getrennt wurden – ein kleines Zugeständnis für einen guten Start in ein glückliches Katzenleben.

FÜR RAUFSPIELE sind gesunde Kätzchen immer zu haben. Auch die Damen sind hierbei nicht zimperlich. Das Spiel mit Gleichaltrigen trägt zum Erlernen guten Sozialverhaltens bei.

GROSSES WUNDER – KLEINE KATZE

Besonderheiten der HANDAUFZUCHT

Immer wieder müssen Kätzchen aus den unterschiedlichsten Gründen ohne ihre leibliche Mutter oder eine sie annehmende Kätzin aufgezogen werden. Die Handaufzucht sehr junger Kitten ist für den menschlichen Betreuer – meist die Betreuerin – ein emotionales und auch körperlich anstrengendes Unterfangen. Katzenbabys, die sehr wenig oder gar kein Kolostrum zu sich nehmen konnten, haben keine guten Überlebenschancen: Viele von ihnen sterben innerhalb der kritischen ersten vier Lebenswochen. Hinzu kommen womöglich Krankheiten: Infektionen aufgrund schlechter Lebensumstände des Muttertiers oder ein zunächst verborgener angeborener Defekt, der die Mutter instinktiv veranlasste, diesen Welpen abzulehnen.

Vor diesem Hintergrund ist es mehr als verständlich, wie glücklich und stolz eine menschliche Ziehmutter ist, wenn „ihr" Baby trotz aller Widrigkeiten zu einer lebensfrohen und munteren Katze heranwächst. Die Bindung zwischen Mensch und Tier ist in diesem Fall besonders eng, was leider nicht nur von Vorteil ist. Hatte das von Hand aufgezogene Kätzchen in den ersten zwölf Lebenswochen keine Möglichkeit, längere Zeit mit Artgenossen zu verbringen, wird es sich später wahrscheinlich gegenüber anderen Katzen ängstlich, irritiert oder aggressiv verhalten. Es hat einfach die Katzensprache mit ihren vielen durch Körperhaltungen, Mimik und Lautäußerungen vermittelten Nuancen nicht gelernt. Missverständnisse sind vorprogrammiert und können zu echten

BEIM FÜTTERN muss das Bäuchlein unbedingt unten liegen, um die Gefahr des Verschluckens zu minimieren.

KÄTZCHEN unbekannter Herkunft sind oft von Flöhen, Ohrmilben und Würmern befallen.

Info

ERSTE HILFE FÜR VERWAISTE KITTEN

NOTFALL-ERSTVERSORGUNG Für die Notfall-Erstversorgung können Sie eine fünfprozentige Traubenzuckerlösung verabreichen, die Sie in der Apotheke bekommen. Einen ersten Milchersatz liefert dieses Rezept:

100 ml	Dosenmilch (Kondensmilch)
100 ml	abgekochtes Leitungswasser oder stilles Mineralwasser
120 g	Joghurt mit 3,5 Prozent Fettanteil
3 – 4	Eigelb

Die Zutaten klumpenfrei vermischen und auf 37 Grad Celsius erwärmt verfüttern.

ZUM FÜTTERN benötigen Sie eine kleine Plastikspritze, eine Pipette oder ein Fläschchen mit Gummisauger. Achten Sie unbedingt darauf, dass das Kätzchen nur in Bauchlage gefüttert wird und nicht zu viel Nahrung auf einmal aufnimmt, da es sich sonst verschlucken kann. In die Lunge geratene Nahrungsreste führen leicht zu einer lebensbedrohlichen Lungenentzündung.

MASSIEREN Nach der Nahrungsaufnahme massieren Sie bitte mit einem warmen, feuchten Tuch (am besten einem Frotteewaschlappen) den Bauch des Kittens, um die noch nicht ganz selbstständig arbeitende Verdauung anzuregen.

ZUM TIERARZT Auch wenn Ihr Kätzchen gefressen hat, stellen Sie es bitte sofort einem Tierarzt vor, der Ihnen mit Rat & Tat zur Seite steht und den Allgemeinzustand Ihres Schützlings beurteilt. Unterkühlte Kätzchen oder solche mit Fieber und Durchfall sind in akuter Lebensgefahr – hier zählt jede Minute!

Konflikten führen, sodass das Kätzchen nur alleine gehalten werden kann. Auch der Mensch, der für ein Kätzchen in die Mutterrolle geschlüpft ist, kann bei aller Liebe und Sorgfalt nicht die erzieherischen Maßnahmen einer Katzenmutter übernehmen, die immer wieder deutlich Grenzen setzt und ihr Kind maßregelt – auch in Situationen, wo sich die Gründe für menschliche Beobachter nicht immer erschließen. Daher werden aus den kleinen Zöglingen häufig despotische erwachsene Katzen, die entweder versuchen, ihre Bedürfnisse mit offensiver Aggression durchzusetzen oder ihre geringe Frustrationstoleranz durch andere auffällige Verhaltensweisen zeigen. Am glücklichsten sind die so aufgezogenen Kätzchen mit Sicherheit, wenn sie ihr weiteres Leben bei dem Menschen verbringen dürfen, der sie aufgezogen hat – in diesem besonderen Fall auch in Einzelhaltung.

FREUNDE
fürs Katzenleben

DAMIT EINER LANGEN, TIEFEN FREUNDSCHAFT NICHTS IM WEGE STEHT, SOLLTEN SIE IHRE NEUEN MITBEWOHNER MIT GRÖSSTER SORGFALT AUSWÄHLEN. WORAUF SIE BEI DER WAHL IHRER KÄTZCHEN ACHTEN SOLLTEN UND WIE SIE MIT HERZ UND VERSTAND RICHTIG ENTSCHEIDEN, ERFAHREN SIE IN DIESEM KAPITEL.

FREUNDE FÜRS KATZENLEBEN

DAS RICHTIGE
Kätzchen finden

Vielleicht haben Sie sich schon gefragt, warum ich im vorangegangenen Kapitel so ausführlich die Frühentwicklung von Katzenwelpen bis zur zwölften Lebenswoche beschrieben habe, obwohl Sie selbst doch gar keine Katzenbabys aufziehen oder züchten wollen, sondern einfach Katzenjungen ein gutes Zuhause geben möchten, um später nette, umgängliche Samtpfoten um sich zu haben, die ganz selbstverständlich in Ihre Lebensumstände sowie die Ihrer Familie hineingewachsen sind und Ihr Leben bereichern.

Ich hoffe jedoch, dass ich Sie mit diesen Informationen dafür sensibilisieren konnte, wie groß der mit der Aufzucht von Katzennachwuchs verbundene Aufwand ist und wie viel der menschliche Hüter einer Katzenfamilie wissen sollte, um aus den kleinen Würmchen gesunde, souveräne und soziale Katzenkinder zu machen. Und nicht zuletzt sollen die in Kapitel 2 vermittelten Informationen Ihnen helfen, selbst kritisch zu beurteilen, ob die Kitten, die Sie gerne aufnehmen möchten, aus sachkundiger Aufzucht stammen.

IN DEN MEISTEN HAUSHALTEN leben Europäische Kurzhaarkatzen (Hauskatzen).

DIE HEILIGE BIRMA ist eine halblanghaarige Rassekatze. Merkmal: weiße Vorderpfoten.

HAUSKATZEN gibt es in vielen bezaubernden Fellfarben, wie dieses dreifarbige „Glückskätzchen". Dreifarbige Tiere mit regulärer Chromosomenanzahl sind genetisch bedingt stets weiblich.

DIE QUAL DER WAHL

Junge Katzen zu erwerben ist nicht schwer – im Gegenteil, es ist leider oft viel zu einfach, und manch ein verschenktes Kätzchen hat kein besonders schönes oder lang währendes Dasein vor sich, sei es aufgrund mangelnder Wertschätzung für das Leben eines Tieres oder aus unlauteren Gründen. Besonders in den Monaten Mai bis September werden haufenweise Kitten angeboten, und zwar von unterschiedlichsten Stellen – vom Bauern um die Ecke, in Foren und Kleinanzeigenbörsen im Internet, von Tierschutzorganisationen oder von der tierlieben Nachbarsfamilie, die einer hochträchtigen Katze Asyl gewährte und nun den Nachwuchs in gute Hände vermittelt.

FRAGEN ZUR AUSWAHL

Je genauer Ihre Vorstellung von Ihrem künftigen Kätzchen ist, desto sicherer werden Sie Ihre Wahl treffen können. Möchten Sie auf jeden Fall Rassekatzen aufnehmen, oder können Sie sich auch für die allgegenwärtige Europäische Kurzhaarkatze, unsere landläufige Hauskatze, begeistern? Möchten Sie temperamentvolle Feger, die mit Ihren Kindern mithalten können, oder wünschen Sie sich kuschelig-gemütliche Tiere, die nach einer Spielsession stundenlang auf dem Sofa relaxen und es auch sonst eher ruhig angehen lassen? Sollen die Katzen später Freigang erhalten oder haben Sie sich für eine ausschließliche Wohnungshaltung entschieden? Haben Sie die Zeit, Geduld und Lust, Langhaarkatzen täglich zu kämmen und bürsten, damit ihr Haarkleid stets sauber und gepflegt ist? Erst wenn diese Punkte geklärt sind, sollten Sie konkret mit der Suche nach Ihren Wunschkätzchen beginnen.

Eine selbstkritische, ehrliche Einschätzung Ihrer Lebensumstände ist wichtig, damit Sie mit Ihren künftigen feliden Hausgenossen auch wirklich glücklich werden: Wenn Sie sich beispielsweise in lebhafte Ocicat- oder Abessinierkitten verliebt haben, aber Ruhe und Beschaulichkeit sowie eine tadellose Couchgarnitur schätzen, werden Sie mit temperamentvollen Rassen wie Orientalen oder gar solchen mit Wildblutanteil (Savannah, Bengal) nicht glücklich. Dann darf es eher eine Perserkatze mit Nase, eine Britisch Kurzhaar oder eine Chartreux (Kartäuserkatze) werden. Grundsätzlich möchte ich in diesem Buch jedoch keine einzelnen Rasseporträts vorstellen, da zum einen, wie bereits gesagt, ständig neue Rassen entstehen. Zum anderen gibt es eine Vielzahl guter Literatur sowie informative Internetquellen zu den verschiedenen Katzenrassen, ihren speziellen Eigenschaften und Bedürfnissen, die Ihre Fragen wesentlich ausführlicher beantworten, als es mir im Rahmen dieses Buches möglich wäre. Literaturtipps finden Sie auf Seite 242.

KITTEN MIT STAMMBAUM

Die planmäßige Zucht von Katzen ist ein recht junges Gebiet, denn Katzen haben ihre Haustierwerdung gewissermaßen selbst „in die Pfoten" genommen, indem sie die Getreidespeicher der sesshaft gewordenen Menschen als Jagdreviere erwählten. Die nützlichen Jäger durften bleiben, aber eine systematische Zuchtauslese war nicht notwendig, denn am großen Mäuse- und Rattenfänger Katze gab es einfach nichts nachzubessern. Erst seit Beginn des 19. Jahrhunderts wurden in Europa einige Katzenrassen systematisch auf ein bestimmtes Aussehen und rassetypische Eigenschaften hin gezüchtet. Seitdem sind ständig neue Rassen hinzugekommen – ein Trend, der bis heute anhält. Katzenzüchter im In- und Ausland sind in einer unüberschaubaren Zahl von Verbänden und Vereinen organisiert, von denen einige, aber längst nicht alle, einer großen Dachorganisation wie der WCF (World Cat Federation), FIFe (Fédération Internationale Féline) oder TICA (The International Cat Association) angeschlossen sind.

AUSSTELLUNGEN

Wenn Sie nach einem guten Züchter Ausschau halten, bieten sich Besuche auf mehreren Katzenausstellungen an. Vor Ort können Sie Eindrücke sammeln, Antworten auf Ihre Fragen erhalten (von denen Ihnen einige vielleicht auch erst während des Besuchs einfallen) und im Laufe einiger Begegnungen überprüfen, ob Ihre Wunschrasse tatsächlich vom Charakter her Ihren Vorstellungen entspricht. Haben Sie bitte keine Hemmungen, sich mit den Ausstellern zu unterhalten. Gute Aussteller – meist sind diese selbst Züchter – werden Sie gerne informieren, da sie von „ihrer" Rasse begeistert sind und in der Regel großen Wert darauf legen, ihre Katzen an die richtigen Menschen abzugeben.

[a]

[b]

[a] **DURCH GEEIGNETE KRATZBRETTER** lernen schon die Kleinen, wo Kratzen erlaubt ist.

[b] **FÜR KITTEN UNTER ACHT WOCHEN** ist so ein kleiner, standfester Kratzbaum ideal. So werden Stürze aus größerer Höhe vermieden.

[c] **ZWISCHENDURCH** wird immer wieder Schutz bei der Mutter gesucht.

[d] **SELBST DIE ZWERGE WISSEN SCHON,** wie man einen Kratzbaum benutzt, auch wenn die Pfötchen den Stamm noch nicht ganz umfassen können.

[e] **KLEINE KATZEN** brauchen „kindgerechte" Katzenklos mit niedrigem Einstieg.

[c]

[d]

[e]

IN TIERHEIMEN warten auch viele Jungkatzen und Babys auf ein gutes Zuhause.

BESUCH BEIM ZÜCHTER

Wenn die Entscheidung für eine bestimmte Rasse gefallen ist, sollten Sie gute Kontakte zu Züchtern knüpfen, deren Tiere Ihnen grundsätzlich gefallen. Der nächste Schritt ist ein Besuch der Kinderstube, sobald die Kitten alt genug hierfür sind. Gewissenhafte Züchter haben nichts zu verbergen und werden Sie gerne zu sich einladen. So können Sie sich ein Bild vom Charakter des Muttertieres machen, und gelegentlich lebt auch der Deckkater im selben Haushalt. In der Regel dürfen Sie die Kitten ab der achten oder neunten Lebenswoche sehen und anfassen, wenn diese ihre ersten Schutzimpfungen hinter sich haben.

DER ZÜCHTERHAUSHALT

Vielleicht entspricht der Züchterhaushalt nicht in allen Aspekten der in Kapitel 2 beschriebenen „Musterkinderstube", aber das Wichtigste ist, dass die Kitten gesund sind, in einem liebevollen Umfeld mit den üblichen Eindrücken eines normalen Haushalts aufwachsen und voller Vertrauen auf Sie zugehen (je nach Stimmung der Kleinen werden Sie als Kuschelkissen, menschlicher Kletterbaum oder tolles neues Versteck herhalten) und Spielangebote mit Spielzeug annehmen, wenn sie gerade ihre aktive Phase haben. Wenn Sie Ihre Traumkätzchen gefunden haben und sich mit dem Züchter einig sind, wundern Sie sich bitte nicht darüber, dass Ihnen noch ein Gegenbesuch der „Katzeneltern" ins Haus steht, die das neue Heim ihrer Kätzchen ebenfalls näher kennenlernen möchten um sicherzustellen, dass sie ein gutes Zuhause bekommen. Eventuell müssen Sie auch vertraglich zusichern, die Tiere kastrieren zu lassen. Mit sogenannten Liebhabertieren soll nicht gezüchtet werden, und verständlicherweise möchte ein seriöser Züchter ausschließen, dass seine Kitten später von profitorientierten Vermehrern zur unkontrollierten Nachzucht missbraucht werden.

DAS RICHTIGE KÄTZCHEN FINDEN

FINGER WEG VOM HANDELSGUT KATZE!

Womit wir bei einem dunklen Punkt der Heimtierbranche angekommen wären: Wo immer Menschen eine Chance wittern, schnelles Geld zu machen, werden leider auch Tiere vermehrt, die äußerlich einem gerade populären Rassestandard entsprechen. Immer häufiger werden auch Katzen Opfer dieser Profitgier, denn in Deutschland haben sie in der Beliebtheitsskala Hunde längst überholt – es gibt also hier einen lukrativen Markt, der Schwarze Schafe anzieht.

Wenn ein Anbieter von Kitten keine Besuche zulässt oder Sie unter Druck setzt, die Kleinen zu nehmen, weil „die sonst weg wären", sollten bei Ihnen die Alarmglocken läuten. Auch leisten sich Katzenvermehrer in der Regel keinen eigenen Internetauftritt. Falls doch, sollten Sie stutzig werden, wenn das in Deutschland vorgeschriebene Impressum fehlt oder unvollständig ist. Ganz suspekt sollten Ihnen „Rassekatzen abzugeben"-Inserate mit Handynummern in Kleinanzeigenrubriken sein, egal ob aus dem Internet oder der Lokalzeitung.

Oft bieten solche Inserenten im Telefonat großzügig an, die Kätzchen direkt zu Ihnen nach Hause zu bringen. Damit verfolgen sie aber nur das Ziel, anonym zu bleiben und zu verheimlichen, unter welchen Umständen die Kätzchen die so wichtigen ersten Lebenswochen verbrachten. Wenn Sie Pech haben, sind die Kleinen körperlich und psychisch krank, und Sie müssen viel Zeit, Geld und Nerven investieren, um ihnen zu helfen – mit ungewissem Ausgang.

KATZEN AUS DEM TIERSCHUTZ

Katzen von einer seriösen Tierschutzorganisation zu adoptieren, ist immer eine gute Idee. Es ist nämlich keinesfalls so, dass nur alte, kranke und verhaltensauffällige Tiere in die Obhut von Tierschützern gegeben werden. Häufig werden trächtige Katzen, unerwünschte Kitten oder Katzenmütter gemeinsam mit ihren Jungen ausgesetzt, als Fundtiere gebracht oder – im günstigsten Fall – von den Besitzern selbst abgegeben. Wenn die Kleinen früh genug in die Hände der Tierschützer kommen und die Mutter nicht vollkommen verwildert oder verstört ist, sind ihre Chancen gut, sich zu menschenfreundlichen, sozialen Kätzchen zu entwickeln. Erkundigen Sie sich ruhig nach der Vorgeschichte der Sie interessierenden Kätzchen. Soweit diese bekannt ist, wird das Tierheim oder die Pflegestelle der Tierschützer Ihnen gerne Auskunft geben.

Neben den Tierheimen des Deutschen Tierschutzbundes e. V. und des bmt (Bund gegen Missbrauch der Tiere e. V.) gibt es zahlreiche kommunale Tierheime sowie private Katzenschutz- und -hilfsorganisationen, deren Schützlinge auf ein gutes Zuhause warten. Auch in der Nähe Ihres Wohnortes gibt es mit Sicherheit mehrere solcher Einrichtungen, die Sie mit etwas Recherche ausfindig machen, und so steigen die Chancen, dass Sie Ihre Wunschkatzenkinder im Tierschutz finden.

Es spricht übrigens nichts dagegen, ein Rassekätzchen mit Hauskatzennachwuchs zu vergesellschaften.

FREUNDE FÜRS KATZENLEBEN

Natürlich sollten Alter und Temperament der Kleinen zueinander passen. Was gesundheitliche Risiken betrifft, sollten Sie sich keine Sorgen machen. Krankheiten und Parasiten unterscheiden nämlich nicht zwischen Rassekatzen und „Feldwaldwiesenmischungen" aus dem Tierschutz. Es liegt immer in der Hand des Züchters beziehungsweise der betreuenden Personen, Sie ehrlich über vorangegangene gesundheitliche Beeinträchtigungen der Kitten zu informieren. Auf Seite 58 können Sie nachlesen, welche Gesundheitsfürsorge ein Kitten genossen haben sollte, bevor es in sein neues Zuhause ziehen darf. Lassen Sie sich also immer den Impfausweis der Kätzchen zeigen und scheuen Sie sich nicht, die behandelnde Tierarztpraxis zu kontaktieren, wenn etwas darin unklar ist.

WAS DARF EIN KITTEN KOSTEN?

Es heißt ja immer: „Über Geld spricht man nicht!" Im Zusammenhang mit dem Erwerb von Tieren halte ich das für einen großen Fehler, denn so haben viele Menschen weiterhin sehr unrealistische Vorstellungen davon, wie viel ein Rassekitten aus einer guten Zucht kosten kann, und es finden sich natürlich auch immer Menschen, die selbst eine gegen 80,00 EUR Schutzgebühr abzugebende Tierschutzkatze noch zu teuer finden.

VERANTWORTUNGSVOLLE AUFZUCHT IST TEUER

Nüchtern betrachtet ist eine gute, fachgerechte Katzenaufzucht, die eine begleitende Gesundheitsfürsorge und gegebenenfalls erforderliche medizinische Versorgung

EINE ORIENTALISCH-KURZHAAR-SCHÖNHEIT mit Tabby-Zeichnung (getigert).

DAS RICHTIGE KÄTZCHEN FINDEN

der Katzenmutter und ihrer Welpen umfasst, alles andere als ein lukratives Geschäft. Natürlich gibt es zahllose Katzenwürfe, die ohne tierärztliche Betreuung mit herkömmlichem Dosenfutter aus dem Supermarkt prächtig gedeihen und gesund groß werden. Aber die Bekämpfung gängiger Parasiten, die unerlässlichen Schutzimpfungen und das Einsetzen eines Mikrochips kosten über die Erfüllung von Grundbedürfnissen hinaus Geld, und das nicht zu knapp. Wer also einen Blick auf die Gebührenordnung der Tierärzte wirft und diese Maßnahmen (siehe Seite 58) einrechnet, erkennt sehr schnell, dass eine junge Tierschutzkatze, für die zwischen 80,00 und 150,00 EUR verlangt wird, in Wirklichkeit noch nicht einmal für den Gegenwert ihrer bisherigen Versorgung abgegeben wird. In den meisten Fällen deckt ihr „Verkaufserlös" nicht annähernd die Ausgaben der Tierschützer. Gewissenhafte Züchter hingegen betreiben einen Mehraufwand, der vielen Interessenten zunächst gar nicht bewusst ist: Die Ausstellungsbesuche kosten ebenso Geld (Verbandsmitgliedschaften, Teilnahmegebühren, Reisekosten) wie die Dienste des sorgfältig ausgesuchten Deckkaters, der meist nicht demselben Haushalt angehört wie die Katzenmutter. Viele Züchter lassen die Elterntiere vor der Verpaarung auf Erbkrankheiten testen, für die einige Rassen – auch aufgrund des kleineren Genpools – anfälliger sind als Hauskatzen. Sogar die Kitten werden manchmal solch teuren, labortechnisch aufwendigen Gentests unterzogen. Standard ist die Abgabe des Katzen-

ÜBER GESCHMACK LÄSST SICH STREITEN. Züchterische Extremformen tun einer Katzenrasse selten gut, da der Genpool klein ist und Erbgutschäden begünstigt.

nachwuchses mit gültigem Impfpass und Mikrochipkennzeichnung, doch viele Züchter lassen zusätzlich ein tierärztliches Gesundheitszeugnis ausstellen und geben ihre Kätzchen nicht vor der 16. Lebenswoche ab. Dann sind aber auch sämtliche für eine Grundimmunisierung nötigen Impfungen erfolgt, und die neuen Halter können sicher sein, ein gesundes Tier aufzunehmen. Der Preis für solche Tiere muss nicht, kann aber durchaus im vierstelligen Bereich liegen. Jedenfalls wird kein seriöser Züchter seine Kitten für 150,00 oder 200,00 EUR verscherbeln.

FREUNDE FÜRS KATZENLEBEN

CHARAKTERTEST
für Mini-Miezen

Der große Moment steht kurz bevor, aber Sie möchten sich noch ein genaueres Bild vom Charakter Ihrer künftigen vierbeinigen Mitbewohner machen! Dann können Sie folgende kleine Versuchsanordnung mit acht- bis zwölfwöchigen Katzenkindern nutzen, um etwas mehr Sicherheit über Präferenzen und Nervenkostüm der Kitten zu erhalten. Dieser Test stellt natürlich keine wissenschaftliche Versuchsanordnung dar, und sein Ergebnis hängt unter anderem von der Tagesform der kleinen Probanden ab, aber einige aufschlussreiche Beobachtungen werden Sie mit Sicherheit machen. Das gerade in einer Aktivitätsphase befindliche Katzenkind wird einzeln in einen kleinen, ausbruchsicheren Raum gesetzt, den es noch nicht kennt. Dieser wurde zuvor mit einem Unterschlupf, zum Beispiel einem Pappkarton mit Decke darin, ausgestattet. Dem Kätzchen wird des Weiteren in der Raummitte Spielzeug angeboten: ein kindersichereres Stofftier in seiner Größe sowie kleine Fellmäuse oder Schaumstoffbällchen. Sie als Tester haben sich mit einer Federangel „bewaffnet" und dürfen nach der ersten Hälfte des Tests gerne mit dem Kätzchen spielen. Natürlich müssen Sie das Kitten beobachten können – entweder von der anderen Seite einer Babytür aus oder für einige Minuten durch ein Fenster von draußen.

ANGSTHASE, DRAUFGÄNGER ODER DIE RUHE SELBST?

Lassen Sie das Kitten für acht bis zehn Minuten alleine in diesem Versuchsraum.

ÄNGSTLICHE GEMÜTER werden sich zunächst geduckt an der Wand entlang drücken und sich nach vorsichtiger Inspektion vielleicht in die Höhle zurückziehen. Falls es keine Anstalten macht, sich dort wieder herauszuwagen, können Sie gerne versuchen, das Tierchen behutsam zum Spiel mit der Federangel zu bewegen. Maunzt es herzzerreißend trotz menschlicher Ansprache oder bleibt ängstlich verborgen, wird es später viel Ansprache brauchen, um sich gut im neuen Zuhause einzuleben. Sie sollten ihm einen selbstbewussten, aber eher ruhigen und nicht dominant-rauflustigen Gefährten hinzugesellen, an dem es sich orientieren kann.

DIE MEISTEN KÄTZCHEN werden in den ersten zwei bis drei Testminuten vorsichtig sein, um sich dann allmählich in die Raummitte vorzuwagen und das Spielzeug zu untersuchen. Dass dies vorsichtig und mit gelegentlichem Rückzug geschieht, ist normal – Vorsicht ist schließlich eine lebenswichtige Tugend. Meist gehen die Kleinen recht systematisch vor und bepföteln die Objekte eine ganze Weile, bis sie ganz sicher sind, dass das fremde Ding sie nicht attackieren wird. Doch spätestens, wenn Sie sich als Spielpartner anbieten, wird das Kitten Mut fassen und sich auf Sie und das neue Spielzeug einlassen. Grundsätzlich sind diese Naturen eher überlegt – sie zeigen sich weder sonderlich ängstlich, noch treten sie zu forsch auf und lassen ihre Umgebung und die eigene Sicherheit außer Acht. Solche Kitten sind in der Regel anpassungsfähig und lassen sich auch mit extremeren Charakteren vergesellschaften.

KÄTZCHEN „FRECHDACHS" Nur wenige Kätzchen – selbst hervorragend sozialisierte – zeigen sich in einer fremden Umgebung von Anfang an vollkommen unbefangen. Aber es gibt sie, Frechdachse beiderlei Geschlechts, deren Neugier und Urvertrauen sie vollkommen unbefangen agieren lassen. Hoch erhobenen Schwanzes gehen sie auf Erkundungstour in der Überzeugung, dass die Welt ein einziger Abenteuerspielplatz ist. Die weiblichen Vertreter dieser Fraktion dominieren Katzengruppen oft souverän und zeigen deutlich, wenn ihnen etwas nicht passt. Die Kater balgen und raufen meist gerne mit ihresgleichen. Wenn Sie so einen Rabauken aufnehmen, wird er für seine Katzenkumpels vermutlich alle „Schwachstellen" Ihres Haushalts austesten: Wo kann man herauf- und hineinklettern, welche Dinge lassen sich aus nicht ganz geschlossenen Schubladen zerren und was eignet sich als Katzenspielzeug, auch wenn die Zweibeiner das ganz anders sehen? Falls Sie über Streiche lachen und Fünfe gerade sein lassen können, werden Sie viel Spaß an so einem Kätzchen haben. Nur sollten Sie für das Kitten keinen Artgenossen auswählen, der sich gegenüber seinesgleichen nicht durchsetzen kann – zartbesaitete Gemüter landen in so einer Konstellation sonst im Abseits.

DIESES KITTEN IST NOCH SKEPTISCH, aber nicht ängstlich, wie die normale Pupillenstellung zeigt.

CHARAKTERTEST

BASICS

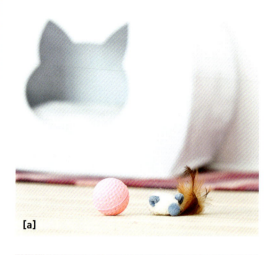
[a]

[b]

[a] DAS „TESTZIMMER" mit einer Höhle als Rückzugsort sowie Spielzeug.

[b] DER KLEINE KANDIDAT schaut beim Absetzen noch etwas unentschlossen drein, ...

[c] ... doch es dauert nicht lange und der Ball wird genau untersucht.

[d] DAS EIS IST GEBROCHEN, die fremde Umgebung vergessen.

[c]

[d]

[e]

[f]

[e] DIESES AUFGESCHLOSSENE KITTEN lässt den Zweibeiner gern mitspielen ...

[f] ... und nimmt begeistert auch den Federwedel an.

[g] MITTEN IM RAUM ABGESETZT, ist dieses Kätzchen verunsichert ...

[h] ... und tritt sofort den Rückzug an. Die angelegten Ohren signalisieren: „Mir reicht's!"

[i] AUS DER SCHÜTZENDEN HÖHLE HERAUS wird das Spielzeug jedoch bepfötelt.

[g]

[h]

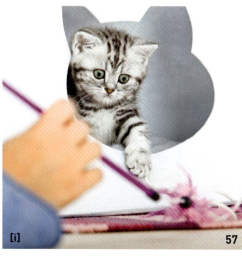
[i]

FREUNDE FÜRS KATZENLEBEN

Der gesunde Einzug ins
NEUE ZUHAUSE

Folgende Impfungen und Gesundheitsuntersuchungen sind sinnvoll. Fragen Sie danach, bevor Ihr Kätzchen in sein neues Zuhause einzieht.

WURMKUREN GEGEN SPUL-, HAKEN- UND BANDWÜRMER

Ab der dritten Lebenswoche sollten nach Bedarf zwei- bis dreimal im Abstand von drei Wochen Wurmkuren durchgeführt werden. Wichtig: Bitte nur in Absprache mit dem Tierarzt entwurmen, und keinesfalls auf ein Mittel für Hunde zurückgreifen – es kann die Kitten das Leben kosten! Die Welpen aufgegriffener Katzenmütter sowie die von Freigängern sind natürlich stärker gefährdet, aber auch Wohnungskätzchen sollten in Absprache mit dem Tierarzt entwurmt werden, da Menschen Eier der Parasiten an den Schuhen von draußen einschleppen können. Selbst vereinzelte Flöhe sind potenzielle Überträger.

Impfplan

8./9. LEBENSWOCHE	Kombi-Impfung gegen Katzenschnupfen, Katzenseuche
10. LEBENSWOCHE	Impfung gegen Feline Leukämie (FeLV, Leukose)
12. LEBENSWOCHE	2. Kombi-Impfung gegen Katzenschnupfen, Katzenseuche
13. LEBENSWOCHE	2. Impfung gegen Feline Leukämie (FeLV, Leukose)
16. LEBENSWOCHE	Impfung gegen Tollwut*
20. LEBENSWOCHE	2. Impfung gegen Tollwut

*Die Wildtollwut gilt in Deutschland seit einigen Jahren als ausgerottet. Dies betrifft die Übertragung durch Füchse, doch Fledermäuse können immer noch infiziert sein. Die Ansteckungsgefahr ist relativ gering, aber falls Sie jemals mit Ihren Katzen ins Ausland reisen möchten, müssen diese ohnehin einen gültigen Tollwutimpfschutz besitzen. Für (künftige) Freigänger klären Sie bitte mit Ihrer Tierarztpraxis, ob diese eine Impfung für Ihre Region empfiehlt.

DER GESUNDE EINZUG INS NEUE ZUHAUSE

FREIGÄNGER Lassen Sie künftige Freigänger bitte unbedingt gegen Leukose impfen.

SCHUTZIMPFUNGEN

Zwischen der vierten und sechsten Lebenswoche ist das Immunsystem der Kätzchen äußerst anfällig gegen Erreger – ihre Abwehr weist die sogenannte immunologische Lücke auf. Allerdings sind die mütterlichen Antikörper noch vorhanden und die Kätzchen dürfen in dieser Zeit nicht geimpft werden, weil die verbliebenen Antikörper den Impfschutz schwächen oder seinen Aufbau ganz verhindern können. Der hier gezeigte Impfplan ist eine Richtlinie für gesunde Kätzchen. Wann geimpft wird, sollte stets nach einer sorgfältigen tierärztlichen Allgemeinuntersuchung entschieden werden, um kränkelnde Tiere nicht zu gefährden und eine optimale Grundimmunisierung zu gewährleisten.

TESTS

FELV-TEST
Schutzimpfungen gegen Feline Leukämie (Leukose) dürfen nur verabreicht werden, wenn die zu impfende Katze noch keinen Kontakt mit dem Virus hatte, der Leukosetest also negativ ausfällt. Anderenfalls wird das Immunsystem zu sehr geschwächt und der Ausbruch der Krankheit begünstigt. Wenn die Kätzchen zuverlässig nur in der Wohnung ohne Kontakt zu anderen Samtpfoten gehalten werden, kann auf die Leukoseimpfung verzichtet werden. Für Freigänger ist der Impfschutz ein absolutes Muss.

FIV-TEST
Der Test auf Feline Immundefizienz (Katzen-AIDS) sollte unbedingt bei Kätzchen mit unbekannter Vorgeschichte, Bauernhofkätzchen und solchen aus „schlechten Verhältnissen" (Vermehrer, Beschlagnahmung aus dem Haushalt krankhafter Tiersammler) durchgeführt werden. FIV wird in erster Linie durch Bisse übertragen, weshalb eher ältere männliche Tiere betroffen sind. Insofern sind Kitten zwar weniger stark gefährdet, aber vorbeugende Maßnahmen können nur ergriffen werden, wenn die Erkrankung bekannt ist: Vielen FIV-positiven Kitten ist ein relativ langes, erfülltes Katzenleben vergönnt, wenn sie – genau wie HIV-positive Menschen – vor anderen Infekten optimal geschützt werden. Keinesfalls müssen sie aufgrund der Diagnose eingeschläfert werden. Andere Schutzimpfungen für FIV-positive Kätzchen sollten sorgfältig vom Tierarzt abgewägt werden.

AKUT ERKRANKTE KÄTZCHEN haben – anders als das hier gezeigte – keine Energie zum Spielen.

Genauere Informationen zu den Krankheitsbildern katzentypischer Infektionskrankheiten finden Sie im Kapitel „Grundlagen für ein gesundes Katzenleben".

TESTS AUF ERBKRANKHEITEN

Erbkrankheiten sind Organdefekte sowie angeborene Neigungen, die im Laufe des Lebens bestimmte Krankheitsbilder ausbilden (genetische Dispositionen). Sie werden durch Veränderungen des Erbguts hervorgerufen. Da eine Zuchtauslese die Menge des verwendeten Erbguts einschränkt (Inzuchtgefahr), können sich in einem kleinen Genpool auch seltenere, rezessiv vererbte Leiden an den Tieren manifestieren. Ich möchte hier keine Katzenrasse diskreditieren und ausdrücklich darauf hinweisen, dass auch Hauskatzen von Erbkrankheiten betroffen sind. Wie sinnvoll ein Test oder eine Untersuchung (beispielsweise Herzultraschall) auf solche Krankheiten ist, klären Sie bitte mit dem Züchter und Ihrem Tierarzt. Hier möchte ich nur kurz zwei der bei Katzen häufigsten, sich leider dominant vererbenden Leiden vorstellen:

POLYZYSTISCHE NIERENERKRANKUNG (PKD)

In den Nieren betroffener Katzen bilden sich Zysten. Die Nieren vergrößern sich hierdurch im Laufe der Zeit und büßen allmählich ihre Funktionsfähigkeit ein. Die Krankheit kann bei schleichendem Verlauf jahrelang unentdeckt bleiben, doch bei manchen Tieren macht sich die eingeschränkte Nierenfunktion schon im Alter von zwei bis drei Jahren bemerkbar. Auch können die Zysten sich selbst bakteriell entzünden und so groß werden, dass die Nierenkapsel überdehnt wird. Beides verursacht starke Schmerzen. Den Symptomen der PKD wird man folglich mit einer Nierendiät, bei Entzündungen mit Antibiotika sowie Schmerzmitteln entgegenwirken. Heilbar ist sie – wie alle Zerstörungen von Nierengewebe – leider nicht.

HYPERTROPHE KARDIOMYOPATHIE (HKM ODER HCM)

Diese häufige Herzkrankheit äußert sich in einer abnormen Verdickung der Herzwandmuskulatur. Die Aufnahmekapazität des Herzens nimmt ab, und das kranke

Herz pumpt stärker als ein gesundes, um die benötigte Blutmenge zu transportieren. Da das Blut den Körper mit Sauerstoff und Nährstoffen versorgt, fallen Haltern zunächst allgemeine Symptome wie Antriebslosigkeit und mangelnder Appetit auf. Im fortgeschrittenen Stadium sammelt sich infolge der schwachen Pumpleistung zu viel Blut im Lungengewebe, das wiederum Flüssigkeit in die Lungenflügel presst (Ödem). Die Katze ist schnell erschöpft, hechelt oder atmet rasselnd, legt sich sofort hin und weist bläulich verfärbte Schleimhäute auf. In diesem Stadium helfen nur noch entwässernde Maßnahmen und Sauerstoffgaben, und die Prognose ist schlecht. Wird die Krankheit jedoch frühzeitig erkannt, lässt sie sich durchaus behandeln, sodass die betroffene Katze über Jahre hinweg eine gute Lebensqualität genießen kann. Stress ist für herzkranke Katzen Gift, weshalb ein harmonisches Umfeld für betroffene Tiere sehr wichtig ist!

PERSONALAUSWEIS FÜR KATZEN: EU-HEIMTIERAUSWEIS UND MIKROCHIP

DER BLAUE AUSWEIS Seit 2004 ist innerhalb der Europäischen Union der einheitlich gestaltete blaue Heimtierausweis vorgeschrieben. Er macht den gelben Impfpass überflüssig, kann aber auch parallel zu diesem geführt werden. Miezen aus dem europäischen Ausland bringen ihn gewissermaßen automatisch mit, denn ohne ihn hätten sie nicht reisen dürfen.
Der gelbe Impfpass weist Ihre Katzen jedoch nicht automatisch eindeutig aus, weshalb Sie Ihre Samtpfoten unbedingt mit einem Mikrochip (Transponder) versehen lassen sollten.

DER MIKROCHIP wird in der Regel ohne Betäubung mittels einer hohlen Injektionsnadel in den linken Schulter-Nacken-Bereich implantiert. Anschließend werden Sitz und Funktion des Chips mit einem Scanner überprüft, der die einmalige, fünfzehnstellige Nummer des Tieres anzeigt. Diese wird in den Heimtierausweis bzw. Impfpass eingetragen. Jetzt haben Sie auch die Möglichkeit, Ihre Katzen bei TASSO e. V. oder dem Deutschen Haustierregister zu melden, die Ihnen helfen können, Ihre Katzen bei Verlust wiederzufinden.
Kitten werden nicht vor der achten Lebenswoche gechipt – vorher sind sie zu zart und klein für den Eingriff. Züchter geben ihre Kätzchen so gut wie nie ohne diese Identifikation ab, ansonsten können Sie sich mit dem Chippen etwas Zeit lassen. Halten Sie Ihre Katzen aber auf jeden Fall in der Wohnung oder im Haus, solange diese nicht gechipt sind. Viele Tierärzte implantieren den etwa reiskorngroßen Chip, wenn die Katze ohnehin zur Kastration narkotisiert ist. Anschließend sind gesunde Stubentiger perfekt gerüstet für den Freigang!

Die perfekte
KINDERSTUBE

JUNGE KATZEN SIND NEUGIERIG, QUIRLIG UND ÄUSSERST ERFINDERISCH, WENN ES UM DAS ERKUNDEN IHRES NEUEN HEIMS GEHT. MIT ETWAS UMSICHTIGER PLANUNG UND KREATIVITÄT WIRD IHR HEIM ZU EINEM SPANNENDEN UND SICHEREN KATZENPARADIES.

DAS SICHERE *Katzen-Zuhause*

Das perfekte Jugendzimmer gibt es mit Sicherheit nicht, aber mit guter Planung und durchdachten Einkäufen können Sie Ihr Heim in ein attraktives Zuhause für Ihre heranwachsenden Katzenkinder verwandeln, auch ohne dass der Geldbeutel zu sehr leidet. Viele der hier gegebenen Ratschläge gelten auch für erwachsene Tiere, jedoch sollten Sie beim Thema „Sicherheit" bedenken, dass junge Katzen kleiner, schmaler und häufig auch wendiger sind als ausgewachsene Tiere. Ihre extreme Neugier, die sie alles Mögliche (und Unmögliche!) erforschen lässt, kann nicht nur ein Quell großer Belustigung, sondern auch großen Leids sein. Bevor Sie sich daran machen, die Grundausstattung für Ihre neuen Mitbewohner zu erwerben, suchen Sie bitte ganz in Ruhe Ihren Wohnraum aus Sicht neugieriger Katzenkinder auf potenzielle Gefahren hin ab und beseitigen Sie diese.

MÖBEL

Manch harmlos aussehendes Möbelstück, das Ihnen schon seit Jahren gute Dienste leistet, kann Ihren Kätzchen gefährlich werden. Das gilt besonders für Klappsofas und -betten, die über ausziehbare Kästen oder sonstige Hohlräume verfügen. Oft besitzen sie Lüftungsschlitze, durch die ein Kitten mühelos ins Innere gelangen kann. Wird der Klapp- oder Ausziehmechanismus bedient, kann das Tier schwer verletzt werden. Falls Sie die Einstiegsmöglichkeit nicht verschließen können, hängen Sie zumindest eine große Decke darüber, die Sie unter dem Möbelstück festklemmen. Vergewissern Sie sich aber selbst dann stets, wo Ihre Kätzchen sich gerade aufhalten, bevor Sie den Mechanismus betätigen.

ABSTÄNDE ZWISCHEN MÖBEL UND WAND

Ebenfalls tückisch sind größere Abstände zwischen Möbeln und Wänden, insbesondere massive Schränke und Schrankwände, die im Notfall nicht von einer Person alleine zur Seite geschoben oder demontiert werden können. Manche Kitten schaffen es, selbst in erstaunlich schmale Lücken zu rutschen und verkanten ihre Körper unglücklich, während sie auf dem Weg nach unten um Halt strampeln – Zerrungen, Quetschungen und im schlimmsten Fall Organschädigungen sind die Folge. Besorgen Sie sich passende Bretter und befestigen Sie diese mit Schrauben an der Deckenplatte des Schranks, um solche Fallen aus der Welt zu schaffen. Ist der Abstand zur Raumdecke gering, können am Schrank oder der Zimmerdecke fixierte Blenden verhindern, dass Ihre Katzen überhaupt erst dorthin gelangen.

SOLCHE VERMEINTLICHEN KUSCHELHÖHLEN sind schon vielen Kätzchen zum Verhängnis geworden.

FREISTEHENDE REGALE

Freistehende Regale, deren Schwerpunkt weit oben liegt, können umfallen und nicht nur Ihre Katzen, sondern auch Sie schwer verletzen. Montieren Sie daher eine Kippsicherung, beispielsweise einen kleinen Metallwinkel, um solche Regale zu sichern.

WASCHMASCHINEN UND TROCKNER

In Küche, Bad und Hauswirtschaftsräumen können vor allem offene Waschmaschinen und Trockner zu tödlichen Fallen werden. Wärme und kuschelige Wäsche sind für Katzen besonders einladend, daher kontrollieren Sie den Trommelinhalt bitte immer sorgfältig, bevor Sie die Geräte in Betrieb nehmen.

TOILETTE

Zu guter Letzt halten Sie bitte auch alle Klodeckel geschlossen – so manches Kitten ist schon kopfüber in die Schüssel gefallen und ertrank jämmerlich, weil es sich an den glatten Wänden nicht hochziehen konnte.

ORDNUNG IST DAS HALBE LEBEN

Falls Sie Kinder haben, die mit dem Thema „Ordnung" noch hadern, haben Sie jetzt ein paar gute Argumente auf Ihrer Seite: Es gibt nämlich diverse Gegenstände in unseren Haushalten, die unseren kätzischen Mitbewohnern gefährlich werden können. Herumliegende Plastiktüten beispielsweise sind nicht nur für Menschen-, sondern auch für Katzenkinder als Spielzeug tabu: Es besteht Erstickungs- und Strangulationsgefahr! (Saubere, nicht kunststoffbeschichtete Papiertüten dagegen sind ein aufregender und geeigneter Zeitvertreib für die meisten Katzen – aber nur unter Aufsicht bitte und wenn die Henkel ab- oder durchgeschnitten sind.) Besonders gefährlich sind Kleinteile, die gerade junge Katzen oft hemmungsloser verschlucken als ältere Tiere: Spielzeug(teile) aus Plastik, aber auch Nippes aus Porzellan und Glas, Kunstblumen mit Draht- und Plastikkomponenten, Gummibänder, Büroklammern, Kosmetikzubehör wie Lidschattenapplikatoren und Wattestäbchen, der Inhalt von Schmuckschatullen oder Werkzeugkästen stellen nur einen Ausschnitt aus der langen Liste von Gegenständen dar, die Tierärzte bereits aus Katzenmägen und -därmen entfernen mussten. Hier hilft nur konsequentes Wegräumen und Verstauen in Behältern, die die Katzen garantiert nicht öffnen können.

Vorsicht, giftig!

ZIMMERPFLANZEN
Sie sind für viele Menschen ein unverzichtbarer Teil ihrer Einrichtung, und sie kommen oft gar nicht auf den Gedanken, dass so gängige Gewächse wie Weihnachtsstern oder Dieffenbachie hochgiftig für Katzen sind. Tatsächlich ist die Zahl der für unsere Stubentiger giftigen Pflanzen unüberschaubar, weshalb Sie Ihren Bestand sorgfältig prüfen sollten. Sofern Sie die Namen zuverlässig kennen, können Sie sich am leichtesten im Internet kundig machen. Auch manche Tierheime und Tierarztpraxen bieten Listen der bekanntesten giftigen Arten an. Zeigen Sie unbekannte Pflanzen oder Fotos davon einem Floristen oder Botaniker. Im Zweifelsfall suchen Sie für unidentifizierbare Gewächse lieber ein Heim ohne Haustiere.

LEBENSMITTEL
Selbst einige Lebensmittel sind für Katzen giftig, manche sogar tödlich. Glücklicherweise ist die Zahl der lebensbedrohlich giftigen Nahrungsmittel überschaubarer als die der Pflanzen:

LEBENSMITTEL	GIFTIGER WIRKSTOFF	SYMPTOME
Schokolade, Kakao, Kaffee	Theombromin, Koffein (das in Theobromin umgewandelt wird)	Herzrasen, Bluthochdruck, Krämpfe, Erbrechen bis hin zum Herzversagen
Speisezwiebeln, Knoblauch sowie andere Zwiebel- und Lauchgewächse	N-Propyldisulfid, Allylpropyldisulfid	Anämie (Zerstörung roter Blutkörperchen), Apathie, Verweigern von Futter und Wasser
Avocado (Kern, Fruchtfleisch und Schale)	Persin	Herzmuskelschädigung, alle daraus folgenden Symptome einer Herzerkrankung (Blut- und Flüssigkeitsstau in Herz und Lunge, Atemnot)
Rohes Schweinefleisch	Aujeszky-Virus	Plötzliche Verhaltensänderungen, Atemnot, starker Speichelfluss – alle Symptome einer Tollwut, weshalb die Aujeszkysche Krankheit auch „Pseudowut" genannt wird

Verhindern Sie bitte auch, dass Ihre Kätzchen rohe Kartoffeln, Weintrauben oder Rosinen, Steinobst (insbesondere die Steine selbst) und Nüsse verzehren. Diese Lebensmittel enthalten Alkaloide, die langwierige und schmerzhafte Vergiftungen verursachen können. Bis zum Ende des ersten Lebensjahres empfinden junge Katzen noch nicht das gleiche Sättigungsgefühl wie erwachsene Tiere und nehmen deshalb leicht mehr von einer gefährlichen Substanz auf als eine ältere Katze. Auch durch ihre geringere Blutmenge sind sie stärker gefährdet als eine ausgewachsene Katze.

DIE PERFEKTE KINDERSTUBE

Ruf der
FREIHEIT

EIN KATZENNETZ verhindert, dass neugierige Katzen vom Balkon in die Tiefe stürzen oder springen.

BALKONE UND FENSTER

Balkone sind grundsätzlich Katzenparadiese – aber nur, wenn sie mit einem stabilen Katzennetz oder Drahtgeflecht gesichert wurden. Sonst machen sich Ihre abenteuerlustigen Samtpfoten vermutlich schnell aus dem Staub und erklimmen – je nach Wohnlage – auch gefährlich hohe Dächer oder Nachbarbalkone. Das Gleiche gilt für ungesicherte Fenster. Es besteht Ausbruch- und Absturzgefahr! Selbst die vorsichtigste Katze kann sich vergessen, wenn ein Vogel oder Eichhörnchen in der Nähe herumturnt. Dass die Katze sich in der Luft dreht und versuchen wird, auf den Füßen zu landen, hilft ihr unter Umständen wenig: Selbst bei einer „perfekten" Landung aus großer Höhe und/oder auf hartem Boden erleidet sie Knochenbrüche und möglicherweise innere Verletzungen, da der Aufprall zu heftig ist, sprich mit zu hoher Geschwindigkeit erfolgt, als dass der Körper ihm standhalten könnte. Oft erliegt das Tier seinen schweren Kopfverletzungen oder bricht sich das Genick. Überlebt die Katze den Sturz, rennt sie höchstwahrscheinlich im Schock davon und verkriecht sich aufgrund ihrer Schmerzen. Dann wird es sehr schwer, sie noch rechtzeitig beziehungsweise überhaupt wiederzufinden.

DIESE MIEZE IST IN SICHERHEIT: Ein Gittereinsatz versperrt den gefährlichen Fensterspalt.

DIE KIPPFENSTERKATZE

Hinter diesem drollig klingenden Wort verbirgt sich eine der schlimmsten Diagnosen, die Tierärzte leider nur allzu oft stellen müssen: Hunderte von Katzen sterben jährlich in Deutschland qualvoll in der Spalte zwischen einem angekippten Fenster und dessen Rahmen. Bitte glauben Sie nicht, dass zarte Kitten unbeschadet durch so einen Spalt schlüpfen können, sondern sichern Sie Ihre Fenster unbedingt. Im Bestreben, nach draußen zu gelangen oder von draußen zurück ins Haus zu kommen, bleiben sie genau dort hängen, wo der schützende Rippenkasten aufhört. Panisch zappelnd rutschen sie immer stärker in den Winkel, und so werden Niere, Blase, Därme und Bauchgefäße schwer gequetscht oder reißen sogar. Je länger die Katze in dieser Falle bleibt, umso größer ist die Wahrscheinlichkeit, dass sich ein Blutgerinnsel im Bauchraum bildet, welches zur Lähmung der Hinterhand und der Ausscheidungsorgane führt. Rückenmark und Nerven werden ebenfalls geschädigt. Ohne Hilfe kann die Katze innerhalb von Stunden qualvoll verenden.

Zoofachhandel und Baumärkte bieten gute und bewährte Lösungen für unterschiedliche Kippfenstertypen an. Ein Blick in Internetforen für Katzenfreunde lohnt sich ebenfalls: Gleichgesinnte stellen dort oft individuelle Lösungen mit hilfreichen Fotos ein und beraten andere Katzenhalter auf eine höfliche Anfrage hin meist gerne.

DIE PERFEKTE KINDERSTUBE

Grundausstattung für
JUNGE KATZEN

Checkliste

ZUR NOTWENDIGEN GRUNDAUSSTATTUNG FÜR
IHRE KATZENKINDER GEHÖREN:

- [ ] Je zwei Futternäpfe pro Katze (zum Wechseln)
- [ ] Ein bis zwei standfeste Wassergefäße oder Trinkbrunnen
- [ ] Mindestens zwei, besser drei Katzentoiletten für zwei Kätzchen
- [ ] Katzenstreu (siehe Seite 38 und 74)
- [ ] Ein Transporter pro Katze
- [ ] Mindestens ein deckenhoher Kratzbaum, besser zwei
- [ ] Mindestens zwei zusätzliche Kratzangebote, z. B. ein vertikales und ein horizontales Kratzbrett
- [ ] Diverse Liegedecken und -kissen
- [ ] Spielzeug (siehe Seite 82 ff.)

Nach den ernsten Themen kommt jetzt der Teil, der den meisten Katzenhaltern viel Spaß bereitet – der Großeinkauf für die vierbeinigen Lieben. Die Heimtierbranche hält ein so reichhaltiges Angebot bereit, dass man leicht der Versuchung erliegt, etliche entzückende und Nutzen versprechende Dinge von solchen Einkaufstouren mit nach Hause zu bringen – ich spreche hier aus langjähriger, teuer bezahlter Erfahrung! Wer seinen Einkauf jedoch gut informiert antritt, kann überflüssige Fehlkäufe vermeiden und mehr Geld in hochwertige Ausführungen wirklich wesentlicher Dinge für die Katzen investieren.

ESSEN & TRINKEN MIT STIL

DAS RICHTIGE GESCHIRR

Auch Katzen legen Wert auf das richtige Geschirr! Stand- und kratzfest sollten die Behälter sein und auch mal eine Grundreinigung mit fast kochendem Wasser problemlos vertragen. Am hygienischsten sind Futter- und Wasserschalen aus Glas, Porzellan oder Edelstahl. Es muss aber nicht das Designerschälchen für einen zweistelligen Eurobetrag sein – den Kätzchen ist es vollkommen egal.

Robuste Dessertschalen aus Glas, wie sie für Kantinen angeboten werden, tun es ebenso. Achten Sie auf eine Randhöhe von etwa drei Zentimetern. Ist der Rand zu niedrig, gibt es gerne mal eine Sauerei außerhalb der Schale. Ist er zu hoch, können am Rand hängende Futterreste sich auf das Katzenkinn setzen und die Entstehung von Kinnakne begünstigen. Zu leichte Schalen werden unweigerlich in der Gegend umhergeschoben.

TRINKBRUNNEN

Sehr sinnvolle Trinkgefäße sind Katzentrinkbrunnen aus Keramik, denn viele Miezen trinken lieber fließendes als stehendes Wasser. Selbst wenn Sie den Eindruck haben, dass Ihre Kätzchen mehr mit dem Wasser spielen als trinken, nehmen sie mit Sicherheit mehr Flüssigkeit auf als aus einer Schale. Am besten bieten Sie beide Varianten an. Bitte stellen Sie das Wasser immer in zwei bis drei Metern Abstand zu den Futterplätzen oder in einem anderen Raum auf. Das ist nicht nur hygienischer, sondern artgerechter: Verhaltensforscher vermuten, dass Katzen ihre Beute nicht in Wassernähe verzehren, um das lebenswichtige Nass vor Verschmutzung zu schützen.

DIE MEISTEN KATZEN trinken gerne fließendes Wasser aus dem Trinkbrunnen.

BIETEN SIE ALTERNATIV auch stets frisches Trinkwasser aus einer Schale an.

WENN UNBEDINGT EIN HAUBENKLO, sollte es groß und so offen wie möglich sein, um akzeptiert zu werden.

KATZENKLO & STREU – EINE GLAUBENSFRAGE

Die Wahl des richtigen Katzenklos sowie der Einstreu wird immer wieder heiß diskutiert, denn Urin und Kot außerhalb der Katzentoilette sind aus nachvollziehbaren Gründen ein Albtraum für jeden Katzenhalter. Zur Ehrenrettung unserer Stubentiger sei gesagt, dass die überwältigende Mehrheit von ihnen brav die Gegebenheiten akzeptiert, selbst wenn sie aus Katzensicht nicht optimal sind. Aber indem Sie Ihren Kätzchen von Anfang an ideale Verhältnisse bieten, können Sie viel Kummer vermeiden – und zwar nicht nur auf menschlicher Seite: Katzen verrichten ihr Geschäft niemals außerhalb des Klos, um Sie zu ärgern! Bitte bestrafen Sie Ihre Kätzchen niemals für „Klounfälle", denn sie haben ernst zu nehmende Gründe hierfür und leiden selbst. Bieten Sie mindestens ein Klo pro Katze an und wenn es geht, stets eines mehr als Katzen im Haushalt leben. Falls das nicht möglich ist, achten Sie bitte ganz besonders darauf, zwei- bis dreimal täglich Kot und Urin zu entfernen.

HAUBE, HITECH ODER HERKÖMMLICHE KISTE?

Kittenklos mit niedrigem Einstieg sind in der Regel einfache, offene Kistchen, die ihren Zweck wunderbar erfüllen. Doch für Katzen ab dem vierten Lebensmonat (und deren naturgemäß größere Hinterlassenschaften) hat der Markt für Heimtierbedarf eine unglaubliche Auswahl von Katzentoiletten entwickelt, von Haubenklos mit und ohne Klappe über solche für Zimmerecken oder besonders große Katzen. Auch gibt es Hitechklos mit Selbstreinigungsmechanismen oder Reinigungshilfen in Form von Einlagen, Filtern und Schiebern. Daneben halten sich immer noch rechteckige Plastikwannen mit oder ohne abnehmbarem Rand auf dem Markt, und das ist gut so! Mit vielen Modellen, die der Mensch als praktisch empfindet, tun die kätzischen Benutzer sich nämlich schwer: Haubenklos, womöglich noch mit einer Schwingtür, halten Fäkaliengerüche im Innenraum, wo sie dem Tier signalisieren, es müsse noch angestrengter scharren, um sein Geschäft sorgsamer zu vergraben. Viele Katzenhalter interpretieren dies leider fälschlich als Zeichen hoher Akzeptanz des Klos. Auch die Schwingtür selbst, Standard bei fast allen Haubenklos, ist vielen Katzen suspekt. Dreieinhalb Wände verhindern ohnehin schon, dass das Tier potenzielle oder

DIE FEINE STREU lädt zum sorgfältigen Bedecken des „Geschäfts" ein. Die meisten Katzen scharren am liebsten in feinkörniger, sandartiger Streu ohne chemische Duftzusätze.

vermeintliche Feinde sehen kann. Die Schwingtür riegelt das Klo endgültig ab, und manch eine Katze hat sich bei ihrer panischen Flucht aus der Toilette schmerzhaft den Schwanz oder eine Pfote in der Tür eingeklemmt.

STALKING AUF LEISEN PFOTEN…
„Klo-Stalking" ist leider ein beliebter Katzensport: Viele Tiere lauern einem Artgenossen gerne mal auf dem Toilettendach oder vor der Öffnung des Haubenklos auf – sei es aus Übermut, Langeweile oder um die situationsbedingte Überlegenheit auszunutzen und das andere Tier zu dominieren. Die überfallene Katze findet es alles andere als witzig, mit „heruntergelassenen Hosen" erwischt zu werden oder gar im stinkenden Klo gefangen zu sein. Solche aus Katzensicht gefährlichen Klos werden nach „Überfällen" häufig abgelehnt.

DIE IDEALE LÖSUNG
Am katzenfreundlichsten sind geräumige, offene Behälter, in denen die Miezen sich bequem drehen und scharren können, ohne anzustoßen. Wenn Sie diese von drei Seiten zugänglich aufstellen (also maximal mit einer Seite an der Zimmerwand), verhindern Sie, dass ein sich gerade lösendes Tier in die Enge getrieben werden kann. Im Idealfall verteilen Sie die Klos auf verschiedene Räume. Sollten Ihre Katzenkinder sich als extreme Buddler und Streuweitwerfer erweisen, probieren Sie ruhig eine Haubenklovariante aus, bei der Sie das Dach mit einem scharfen Cuttermesser entfernen. Alternativ können Sie ein Modell mit herausnehmbarem Tür- und Dacheinsatz wählen. Viele Katzen arrangieren sich problemlos mit so einem Kompromiss, und Ihre Kätzchen haben die besten Voraussetzungen, um vorbildlich stubenrein zu bleiben.

FÜR DIESE KATZE ist das Kitten-Klo bereits zu klein. Platz ist wichtig, damit das Klo gern genutzt wird.

STREU

Die Wahl der richtigen Streu spielt ebenfalls eine große Rolle. Erkundigen Sie sich, mit welcher Streu Ihre Kitten bereits vertraut sind und bieten Sie diese in den ersten zwei bis drei Wochen weiterhin an. Möchten Sie die Sorte wechseln, mischen Sie im Laufe von weiteren zwei bis drei Wochen die neue Einstreu unter, bis sich nur noch die neue Sorte in den Klos befindet. Die meisten Katzen bevorzugen feine, sandartige Streu, die ruhig 7 bis 8 cm hoch den Toilettenboden bedecken sollte. Ob Sie jedoch klumpende oder nichtklumpende Streu wählen, ist eher eine Frage Ihrer Präferenz – Hauptsache, die Katzen-WCs werden gewissenhaft sauber gehalten. Der Umwelt zuliebe sollten Sie auch Streusorten aus pflanzlichen Produkten ausprobieren, die in den letzten Jahren kontinuierlich weiterentwickelt wurden.

DUFTZUSÄTZE UND REINIGER

Meiden Sie unbedingt Streusorten mit Duftzusätzen, denn Babypuder-, Frühlingsfrische- oder gar Zitrusdüfte mögen Katzennasen überhaupt nicht! Im schlimmsten Fall werden Ihre Katzen unsauber oder quittieren den störenden Geruch mit übermäßigem Scharren.

WICHTIG Zu gründliches Putzen mit einem duftenden Reiniger kann dieselbe unerwünschte Wirkung haben. Am besten verwenden Sie einen Enzymreiniger ohne Duftzusätze, mit dem Sie alle zwei Wochen die Klos einmal gründlich auswaschen. Ein gutes Kunststoffklo verträgt auch sehr heißes Wasser und zerkratzt nicht so schnell. Stark zerkratzte Klos sollten Sie jedoch aus hygienischen Gründen von Zeit zu Zeit durch neue ersetzen, da sich Bakterien in den Rillen einnisten können.

UNERLÄSSLICH: DER TRANSPORTER

Viele Kitten beziehen ihr neues Zuhause in einem vom Züchter, dem Tierschutz oder von Bekannten geliehenen Transporter, und nicht wenige Halter besitzen nur eine Transportbox für ihre Katzen, obwohl sie zwei oder mehrere Tiere haben.

GRUNDAUSSTATTUNG FÜR JUNGE KATZEN

Es muss nicht gleich ein so schlimmes Ereignis wie ein Wohnungsbrand sein, das Sie zwingt, beide Katzen gleichzeitig zu evakuieren. Auch bei manchen Erkrankungen müssen beide Kätzchen dem Tierarzt vorgestellt werden, und ein Transport im selben Behältnis ist absolut tabu – egal, wie lieb die zwei sich sonst haben. Damit kann während oder nach einer Autofahrt plus Tierarztstress schnell Schluss sein, und womöglich ist das gute Verhältnis zwischen den Katzen anschließend dauerhaft zerrüttet.

DIE IDEALE TRANSPORTBOX

Ein guter Katzentransporter sollte so groß sein, dass Sie später das ausgewachsene Tier bequem von oben mit beiden Händen um den Rumpf fassen können, um es hinein- oder herauszuheben. Sie sollten folglich nach einem Modell Ausschau halten, das nicht nur vorne eine Tür besitzt, sondern sich auch von oben so weit öffnen lässt, dass die Katze bequem (!) hindurchpasst. Zwar sollten Ihre jungen Katzen lernen, freiwillig die Transportbox zu besteigen, und auch beim Tierarzt sollten Sie ihnen Zeit geben, von sich aus herauszukommen. Wenn es schnell gehen muss, ist das jedoch alles blanke Theorie.

Sparen Sie hier bitte nicht am falschen Ende, sondern wählen Sie ein solides, gut zu reinigendes Modell aus Kunststoff mit Metallgittern. Prüfen Sie sorgfältig, wie zuverlässig und leicht die Verschlüsse zu verriegeln sind. Manche Katzen-Houdinis schaffen es tatsächlich, leichtgängige Verschlüsse aufzupföteln – und probieren es immer wieder, wenn sie einmal damit Erfolg hatten! Nützlich sind auch solide befestigte Traggriffe und Führungen zum Befestigen von Anschnallgurten. Mit vertrauten, leicht zu reinigenden Decken oder einem Kissen ausgestattet sind die Transportboxen einsatzbereit.

GRUNDSÄTZLICH lassen Katzen sich leichter von oben in die Transportbox setzen.

IM WOHNBEREICH wird die Box – ohne Gittertür – bald zum vertrauten Liegeplatz.

SCHON DIE GANZ KLEINEN wissen einen guten Kratzbaum zu schätzen.

KRATZBAUM & CO.

Betritt man einen Katzenhaushalt, gewinnt man häufig den Eindruck, dass selbst passionierte Katzenhalter mit dem Thema „Kratzbaum" auf Kriegsfuß stehen. Meist steht ein plüschiges Monstrum verschämt in der Zimmerecke und trägt durch die eigenwillige Farbgebung des Bezugs nicht gerade zur Aufwertung des Wohnambientes bei. Kurze Stämmchen verbinden eine Vielzahl mehr oder weniger sinnvoll angeordneter Höhlen und Mulden, und manchmal baumelt Spielzeug herab, das von vielen Katzen nicht oder selten genutzt wird. Während zerrupfte Stämme belegen, dass das hiesige Katzenvolk den Sinn des Möbels durchaus erkannt hat, erschließt sich ihnen der Rest oft nicht ohne Weiteres, denn viele Kratzbäume entsprechen leider nicht ihren Bedürfnissen.

WARUM KATZEN WIRKLICH KRATZEN

Katzen streben nach Höherem: Ein langer durchgehender Stamm, an dem sie ungebremst nach oben preschen können, ist wesentlich artgerechter als viele kleine Elemente mit kurzen Stämmen dazwischen, die kein ausgiebiges Recken und Kratzen mit voll durchgestrecktem Rumpf erlauben. Das oft zitierte Krallenschärfen ist nicht der Hauptgrund für die Nutzung von Kratzmöbeln: Die Samtpfoten halten ihre Körper durch das Dehnen geschmeidig und reagieren beim Kratzen und Festkrallen außerdem innere Spannungen ab. Ein weiterer, sehr wichtiger Aspekt ist die mit diesem Verhalten verknüpfte demonstrative Selbstdarstellung der Katze sowie das Setzen von sichtbaren Kratzspuren und Duftmarken.

DER RICHTIGE KRATZBAUM

STAMMLÄNGE

Schauen Sie sich bitte im Fachhandel nach standfesten, möglichst hohen Modellen um, deren unterster Stamm mindestens einen Meter misst, bevor ein Liege- oder Sitzelement folgt.

[a]

[b]

[a] SITZFLÄCHEN AUS VELOURS verhindern, dass die Krallen festhaken.

[b] LANGE STÄMME zum behaglichen Recken helfen dem Kätzchen, seine Muskeln zu stärken.

[c] DAS KRATZEN dient auch der Selbstdarstellung: „Hallo, guckst du mir auch zu?"

[d] HOCH GELEGENE HÄNGEMATTENPLÄTZE sind heiß begehrt – von hier aus haben die kleinen Kletterer alles im Blick.

[e] NOCH WIRKT DER SISALSTAMM sehr mächtig im Verhältnis zum Kitten, aber in ein paar Wochen sieht die Welt schon ganz anders aus!

[c]

[d]

[e]

DIE PERFEKTE KINDERSTUBE

MONTAGE
Die Montage über einen Deckenspanner oder eine stabile Wandhalterung ist ebenfalls wichtig, denn ein wackeliger oder gar kippender Kratzbaum ist gefährlich für Mensch und Tier.

LIEGEFLÄCHEN
Ideal sind höhere Liegeflächen auf dem Baum selbst oder in unmittelbarer Reichweite, damit Ihre Miezen bei Bedarf zuverlässige Rückzugsorte haben, an denen sie sich eine Auszeit von menschlichen Mitbewohnern, deren Besuch und anderen Haustieren nehmen können.

CATWALKS UND RUHEZONEN
Regal- und Schrankdecken lassen sich oft mit geringem Aufwand in zusätzliche „Catwalks" und Ruhezonen verwandeln, wenn Sie diese rutschfest mit Teppichresten bedecken. Bitte verwenden Sie ausschließlich Velours, denn die Katzen können sich sehr schmerzhaft verletzen, wenn ihre Krallen hängen bleiben!

BEZÜGE
Das Gleiche gilt für die Bezüge von Kratzbaumelementen: Plüsch ist keine gute Lösung, denn die Unterseite ist ein elastisches Gewirk, in dem die Krallen leicht festhaken. Immer wieder bleiben Katzen beim Absprung darin hängen und überschlagen sich. Zerrungen oder ausgerenkte Gliedmaßen sind die Folge; das Vertrauen zum Kratzbaum ist dahin. Das Bezugsmaterial sollte daher aus Veloursteppich bestehen oder zumindest an allen Stellen fest mit der Unterlage verklebt sein, um die Unfallgefahr zu minimieren.

KÖRBE sind wunderbare Schlaf- und ...

SEHEN UND GESEHEN WERDEN!

DER STANDORT IST WICHTIG
Damit Ihre Katzenkinder den Kratzbaum ausgiebig nutzen, ist auch die Wahl des richtigen Standorts von großer Bedeutung. Dabei müssen Sie wirklich nur ein Motto beherzigen: Sehen und gesehen werden! Der tollste Kratzbaum ist uninteressant, wenn er in ein kaum genutztes Gästezimmer, hinter eine Zimmertür oder in einen Hauswirtschaftsraum verbannt wird. Das Wohnzimmer ist in der Regel der ideale Ort für den „Katzentempel", und ein Fensterplatz darf es auch gerne sein, denn andere Tiere, Fußgänger und vorbeifahrende Autos werden gerne beobachtet. Ihre Anwesenheit als Bewunderer des ruhenden oder tobenden Katzenvolks ist ebenfalls gefragt!

... Kuschelhöhlen, aber für den Transport ungeeignet. Zu leicht können die Tiere sich aus ihnen befreien.

ZUSÄTZLICHE KRATZFLÄCHEN

Nicht alle Katzen kratzen am liebsten an vertikalen Flächen. Manche ziehen horizontale Kratzflächen vor, doch viele handelsübliche Bretter oder Kratzwellen sind zu klein und nicht rutschfest. Am besten widmen Sie eine halbrunde Säule für die Wandmontage in eine horizontale Kratzfläche um, indem Sie Gummifüße darunter setzen. Falls Ihr Katzennachwuchs keinen Geschmack am Kratzen zu ebener Erde findet, können Sie die Füßchen problemlos wieder abnehmen und die Säule immer noch senkrecht montieren. Ideale Plätze zur Anbringung senkrechter Kratzangebote sind Wände neben Türrahmen, die in wichtige Räume führen. Aus Katzensicht sind dies meist Durchgänge zur Küche, zum Wohnzimmer und ganz besonders der Wohnungs- oder Haustürbereich.

KATZENBETT IST, WAS GEFÄLLT

Unsere Stubentiger schlafen sehr viel, wobei sich die von ihnen bevorzugten Schlafplätze von Zeit zu Zeit ändern – oft ganz spontan und ohne für uns ersichtlichen Grund. Hierbei schrecken die Kätchen nicht davor zurück, sich in unmöglich enge Kisten oder unbequem anmutende Winkel zu quetschen oder ausgerechnet ein hartes, mit staubigen Büchern vollgestopftes Regalbrett als Lieblingsschlafplatz zu wählen. Auch teure Designer-Katzenbettchen verstauben in diversen Katzenhaushalten zugunsten halb zerfledderter Pappkartons, deren Anwesenheit zähneknirschend geduldet wird, weil Minka sie so sehr liebt. Dass Katzen ihren eigenen Kopf haben, ist ja nichts Neues...

DIE PERFEKTE KINDERSTUBE

WAS IST NOTWENDIG?

Ist es also sinnvoll, viel Geld für Katzenbettchen und Schlafkörbe auszugeben? Notwendig sind sie nicht, solange die Tiere genug Schlafplätze auf Sesseln, Sofas, in Regalecken oder auf dem Bett vorfinden. Wer seine Möbel vor Katzenhaaren schützen möchte, sollte sich ein paar Decken gönnen, die auch eine gelegentliche Maschinenwäsche aushalten. Vorsicht sollte man bei preiswerten Fleecedecken walten lassen, da sie oft stark imprägniert und mit fragwürdigen Chemikalien gefärbt sind. Viele Katzen meiden sie deshalb, und manche Samtpfote findet reine Synthetik wohl auch wegen der statischen Aufladung suspekt. Ideal sind dagegen Schaf- oder Lammfelle. Ein zu strenger Schafgeruch sollte den Fellen jedoch nicht mehr anhaften, sonst fremdeln die Kätzchen oder markieren die Felle womöglich mit Urin.

KÄTZCHEN IM BETT?

Grundsätzlich spricht nichts dagegen, gesunde Kätzchen auch Ihr Bett teilen zu lassen. Wenn Sie tagsüber viel unterwegs sind, werden Ihre Katzenkinder es besonders genießen, wenn sie abends mit ins Bett dürfen, um in der Nähe ihrer geliebten Menschen zu sein. Erwarten Sie jedoch nicht, dass die Kleinen schon ganze sechs bis acht Stunden, geschweige denn länger, an Ihrer Seite durchschlafen. Menschenbezogene Katzen passen sich zwar dem Lebensrhythmus ihrer Menschen an, aber bei sehr verspielten Jungkatzen sollte man hier Abstriche machen. Wer einen leichten Schlaf hat oder Tiere im Bett nicht schätzt, sollte seinen Samtpfötchen von Anfang an konsequent beibringen, dass das Schlafzimmer ganz oder ab einem bestimmten Zeitpunkt über Nacht „tabu" ist (siehe Kapitel 6).

WENN DAS LIEBLINGSSPIELZEUG mit ins Bett darf, sollten Sie sich auf eine unruhige Nacht einstellen.

SPIEL & SPASS

SPIEL
& Spaß

Das Spielen – mit Artgenossen ebenso wie mit dem Sozialpartner Mensch – ist ein überaus bedeutsamer Aspekt im Leben jedes Katzenkindes. Im Spiel durchlebt und probiert es die meisten Szenarien, die ihm später im „Ernst des Lebens" begegnen. Gewisse Verhaltensweisen sind als Instinkthandlungen bereits angelegt, aber sie werden im Spiel weiter trainiert, verfeinert und ausgebaut. Das kätzische Spielrepertoire lässt sich grob in zwei Bereiche gliedern, die keine wissenschaftliche Zuordnung darstellen, sondern die wichtigsten Motivationen aufzeigen sollen. Tatsächlich überlagern diese Motivationen sich häufig, oder sie können sich spontan mitten im Spiel ändern.

JAGDSPIELE

Jagdspiele umfassen verschiedene Strategien zum Beutefang wie das Auflauern, Anpirschen, Hinterrennen und Anspringen. „Beute" können alle möglichen Objekte in geeigneter Größe sein, die ins Beuteschema passen – von „Jungmaus" bis „erwachsenes Kaninchen" oder „Ratte". Als Beuteersatz müssen aber häufig auch Artgenossen oder menschliche Gliedmaßen herhalten. Die Jagd auf menschliche Körperteile wird häufig als „Spielaggression" oder „spielerische Aggression" bezeichnet. Die Bezeichnung wurde wohl gewählt, weil der Mensch solche Attacken als aggressiv empfindet, auch wenn sie dem natürlichen Jagdverhalten der Katze entspringen. Meist fehlt eine geeignete Beute oder ein akzeptabler Beuteersatz. Der durch Langeweile entstandene Triebstau wird dann an Fuß oder Hand des Menschen abreagiert.

AGGRESSIVES SPIEL

Im aggressiven Spiel geht es um das Kräftemessen mit Artgenossen im Rahmen einer Rauferei oder einer Auseinandersetzung um etwas Begehrtes, wie beispielsweise ein Spielzeug, einen Leckerbissen oder einen heiß umkämpften Platz („Burgen besetzen"). So wird das Verteidigen eines Reviers und darin vorhandener Ressourcen geübt. Raufereien schulen die Körperkoordination, aber auch strategisches Vorgehen: Manch eine körperlich schwache Katze behält dennoch in einer Auseinandersetzung die Oberhand, weil sie eine gute Taktik einsetzt, indem sie zum Beispiel sofort einen höheren Platz aufsucht, von dem aus sie ihrem Raufkumpel kräftig mit der Pfote auf den Kopf schlagen kann, ohne dass dieser sie von unten erwischt.

ENTERTAIN ME! – JETZT KOMMEN SIE INS SPIEL

Wenn Ihre Kätzchen häufig und ausdauernd miteinander toben, können Sie sich zu Recht freuen, dass die zwei sich so gut verstehen. Dennoch sollten Sie sich die Zeit nehmen, viel mit den Kleinen zu spielen, da das gemeinsame Spiel die Bindung stärkt. Wenn möglich, halten Sie bitte täglich drei bis vier kurze Spielsessions von je fünf bis 15 Minuten ab, die natürlich dann stattfinden sollten, wenn die Miezen gerade eine aktive Phase haben. Abends nach der Arbeit eine halbe Stunde ist gut gemeint, aber meist verlieren die Katzen nach der Hälfte der Zeit das Interesse – von Natur aus fehlt ihnen die Ausdauer. Bieten Sie Ihren Katzenkindern ein möglichst abwechslungsreiches „Spielprogramm", um ihre persönlichen Vorlieben zu entdecken. Bitte verzichten Sie jedoch auf Raufspiele mit Ihren Händen oder Füßen – die sind nämlich nicht mehr drollig, wenn Sie statt dem zarten Kätzchen später einen ausgewachsenen 6-kg-Kater am Handgelenk hängen haben.

Info

RANGFOLGE

Wussten Sie, dass Katzen – anders als beispielsweise Hunde oder Pferde – keine feststehende (absolute) Rangfolge haben, sondern eine sogenannte relative Rangordnung? Welche Katze bei einer Begegnung mit Artgenossen dominiert, wird von verschiedenen Faktoren beeinflusst, vor allem von Zeit und Ort der Begegnung. Bei erwachsenen, fortpflanzungsfähigen Tieren spielt auch der Hormonstatus eine gewisse Rolle.

SPIELZEUGE in der Größe natürlicher Beutetiere erfreuen sich größter Beliebtheit.

BEUTE IST, WAS SICH WIE BEUTE VERHÄLT

Viele Katzenhalter machen den Fehler, einem spielunmotivierten oder müden Kätzchen mit dem Federwedel vor der Nase herumzutanzen oder das Spielzeug sogar auf dem Tier „herumhüpfen" zu lassen, um es zum Spielen zu animieren. Oft reagieren die Katzen hierauf irritiert oder sogar ängstlich, und das vollkommen zu Recht! Keine gesunde Beute würde sich so gegenüber ihrem Fressfeind verhalten – mit Ausnahme eines tollwütigen Beutetiers, bei dem ein unnatürlicher „Mut" zum Krankheitsbild gehört. Eine echte Beute mag den Pfad einer Katze versehentlich kreuzen, aber in der Regel bewegt sie sich vom Feind weg.

RICHTIG SPIELEN

Wirklich spannend ist ein Spielzeug, das sich so „verhält", wie eine Maus oder ein Vogel: Mäuse huschen an Wänden entlang, verharren reglos und prüfen, ob die Luft rein ist, bevor sie ihren Weg fortsetzen. Ziehen Sie das Spielzeug also an der Wand entlang, lassen Sie es kurz stoppen und dann um eine Ecke verschwinden. Vögel sitzen oft längere Zeit an einer Stelle und putzen sich, bevor sie urplötzlich davonfliegen. Ruckeln Sie leicht mit dem Spielzeug und ziehen es dann blitzschnell weg. Wenn Sie Ihren Kätzchen bei jedem vierten Versuch einen Jagderfolg gönnen und ihnen das Spielzeug auch mal eine Weile überlassen, kommen Sie den natürlichen Verhältnissen recht nahe.

[a]

[b]

[c]

[a] WENN DER MENSCHLICHE SPIELPARTNER das Spielzeug richtig animiert ...

[b] ... ist es für ein Kätzchen unwiderstehlich.

[c] GRÖSSERES SPIELZEUG wird zunächst vorsichtiger beäugt, doch die erhobene Pfote und der Blick zeigen, dass die Neugier überwiegt.

[d] ERFOLGSERLEBNISSE SIND WICHTIG: Überlassen Sie dem Nachwuchs die Beute ruhig für ein paar Minuten.

[e] SPIELERISCH fördern Kitten ihre geistige Entwicklung und Körperkoordination.

[d]

[e]

SPIEL & SPASS

DIE HEIMTIERBRANCHE bietet eine überwältigende Vielfalt an Katzenspielzeugen.

SICHERHEIT GEHT VOR

Sämtliche Spielzeuge mit Schnüren (auch elastischen!) räumen Sie bitte nach jeder Spielrunde katzensicher weg. Drapieren Sie Angeln und Ähnliches auf keinen Fall im Kratzbaum, wo sie überdies leicht vergessen werden. Die Kätzchen können sich darin verheddern und sich Beine und Pfoten abschnüren. Viele Katzen geraten in große Panik, wenn sie etwas „festhält" und sie sich nicht selbst davon befreien können. Im schlimmsten Fall strangulieren die Tiere sich.

Auch kleine Spielsachen sollten Sie – außer ein bis zwei Lieblingsspielzeugen ohne Schnüre, die gerne mal durch die Gegend getragen werden – nach Gebrauch wieder wegräumen. Für die Katzen ist das nicht schlimm, sondern durchaus begreiflich: In der Natur hüpfen die Mäuse ihnen ja auch nicht ständig vor der Nase herum, und würden sie reglos in unmittelbarer Nähe der Katzen in der Gegend herumliegen, wäre dies in der Tat eine höchst suspekte Verhaltensweise!

Checkliste

SICHERES & BELIEBTES KATZENSPIELZEUG:

- ☐ Schaumstoffbälle in der Größe von Tischtennisbällen
- ☐ Fellmäuse oder andere „Felltierchen" ohne Steckeraugen, Metall- oder Plastikteile, die sich lösen können (Ohren, Plastikschnurrhaare etc.)
- ☐ Fellbällchen mit oder ohne Glöckchen
- ☐ Federangeln ohne scharfkantige Metallösen am Anhänger (Eckzähne können festhaken und abbrechen)
- ☐ Kunststoffstäbe mit Federboa oder einem Wedel aus Lederstreifen
- ☐ Papierbällchen
- ☐ Vom Spaziergang mitgebrachte Schwungfedern, zum Beispiel von Gänsen oder Krähen (diese können kurz mit Wasser überbrüht werden, um Keime abzutöten)
- ☐ Mit sauberem Papier oder trockenem Herbstlaub gefüllte Pappkartons
- ☐ Kleine Stofftiere, sofern sie als kindersicher deklariert sind
- ☐ Kurze, dicke Taustücke aus pflanzlichem Material wie Hanf, Kokos oder Sisal

DIE PERFEKTE KINDERSTUBE

INTELLIGENZSPIELZEUG

Zu guter Letzt möchte ich eine relativ neue Art von Katzenspielzeug vorstellen, das in den letzten Jahren erfreulicherweise immer mehr Katzenhaushalte erobert: das Intelligenz- oder Beschäftigungsspielzeug. Mit der Erfindung des Katzenfummelbretts im Jahr 2005 und dessen anschließender kommerzieller Vermarktung sensibilisierte die Schweizerin Helena Dbalý Katzenhalter zunehmend für die Erkenntnis, dass gerade Wohnungskatzen sich während der Abwesenheit ihrer Menschen oft langweilen und jederzeit frei verfügbares Futter zum Zeitvertreib in viel zu großen Mengen verzehren – eine ungesunde und nicht artgemäße Gewohnheit!

Das Katzenfummelbrett und andere Intelligenzspielzeuge basieren auf dem Prinzip, dass die Katzen sich Futter „verdienen" müssen, indem sie es aus mehr oder weniger kompliziert gestalteten Behältnissen herausfummeln. Mittlerweile gibt es zahlreiche Futtertürme, -bretter und -walzen sowie aufwendige Konstruktionen für fortgeschrittene Fellnasen, bei denen erst ein Mechanismus richtig betätigt werden muss, bevor das Futter freigegeben wird. Diese Spielzeuge sind nicht nur eine sinnvolle Bereicherung für Katzen, die täglich längere Abwesenheiten ihrer Menschen in Kauf nehmen müssen, sondern sie fordern die Tiere auch geistig. Im Fachhandel wird man Sie gerne beraten, welche Modelle für Ihre Kätzchen infrage kommen.

EIN WENIG HILFESTELLUNG IST ERLAUBT, wenn ein neues Intelligenzspielzeug angeboten wird.

[a]

[b]

[a] DAS KATZENFUMMELBRETT ist der Pionier unter den Intelligenzspielzeugen.

[b] WIE DAS KATZENFUMMELBRETT ist auch das Solitär-Spiel ein gutes Anfängerspielzeug für Kitten ab der 6. Lebenswoche.

[c] FÜR FORTGESCHRITTENE: Über Türchen und Schieber erarbeiten findige Katzen sich ihre Belohnung.

[d] DIESES DING HAT ZWEI SEITEN: Einmal die hier gezeigten Näpfe und auf der anderen Seite bewegliche Stäbe, unter denen Leckerlis auf geschickte Samtpfoten warten.

[e] FUTTERBÄLLE sind ein Riesenspaß.

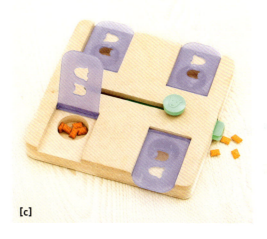
[c]

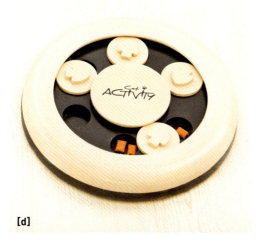
[d]

[e]

GRUNDLAGEN
für ein gesundes Katzenleben

DIE MEISTEN KITTEN WACHSEN VÖLLIG PROBLEMLOS ZU GESUNDEN ERWACHSENEN KATZEN HERAN. DOCH WISSEN UM DIE RICHTIGE ERNÄHRUNG UND PFLEGE SOWIE INFORMATIONEN ZU HÄUFIGEN INFEKTIONSKRANKHEITEN UND PARASITEN IST UNERLÄSSLICH, DAMIT IHRE TIERE DIE BESTEN VORAUSSETZUNGEN FÜR EIN LANGES, GLÜCKLICHES UND GESUNDES KATZENLEBEN HABEN.

GRUNDLAGEN FÜR EIN GESUNDES KATZENLEBEN

ESSEN
hält Leib und Seele zusammen

Dieses alte Sprichwort gilt nicht nur für uns Menschen, sondern auch für Tiere. Katzenkinder benötigen besonders hochwertige Nahrung, denn ihre Körper sind noch im Wachstum. Eine gute Ernährung in der Jugendzeit ist folglich eine gute Investition in die Zukunft: Aus richtig ernährten Jungkatzen werden in der Regel robuste und gesunde erwachsene Tiere, die nicht so häufig zum Tierarzt müssen. Es lohnt sich also durchaus, sich mit dem Thema „Katzenernährung" gründlicher zu beschäftigen.

KATZEN SIND REINE FLEISCHFRESSER

Im Gegensatz zu Hunden, deren im Rudel jagende Vorfahren auch große Pflanzenfresser erlegen und den Mageninhalt (also teilweise verdaute Gräser, Kräuter usw.) ihrer Beute verzehren, sind Katzen reine Fleischfresser. Ihre Beutetiere sind klein und liefern nur wenig pflanzliche Anteile. Dafür verzehren die meisten Katzen ihre Beute ganz und nehmen so Fell, Federn und Knochen auf, die wichtige Mineralstofflieferanten sind. Alle lebenswichtigen Vitamine und das für die Sehkraft von Katzen unerlässliche Taurin bekommen sie ebenfalls mit dem „Komplettpaket Maus" geliefert.

Unsere Hauskatzen besitzen einen kurzen Darm, den die Nahrung in relativ kurzer Zeit passiert, weil die Nährstoffe in fleischlicher Nahrung nicht in so großem Umfang aufgeschlossen werden müssen, wie es bei reinen Pflanzenfressern oder Omnivoren (Allesfressern, zu denen auch wir zählen) der Fall ist. Interessanterweise besteht einer der wenigen körperlichen Unterschiede zwischen der afrikanischen Falbkatze (dem Urahn unserer Haus- und Rassekatzen) und unseren domestizierten Katzen in der abweichenden Darmlänge: bei der Falbkatze sowie der europäischen Wildkatze misst er um die 140 cm, bei der Hauskatze durchschnittlich 190 cm. Auch wenn dies vielfach als plausibler Hinweis darauf gesehen wird, dass sich unsere Hauskatzen einer veränderten, weitgehend vom Menschen bereitgestellten oder ergänzten Ernährung angepasst haben, gilt selbst für die Kleinen: Im Napf sollte fleischliche Nahrung landen, die sich durch reichlich Protein (etwa 60 Prozent) und einen hohen Fettanteil (etwa 25 Prozent) auszeichnet. Ebenso muss das Futter Mineralstoffe und Vitamine sowie eine Tagesdosis von etwa 300 bis 500 mg Taurin enthalten. Dagegen spielen Kohlenhydrate eine untergeordnete Rolle, da sie vom Katzenkörper kaum sinnvoll verwertet werden. Langfristig machen sie die Tiere nur dick und träge.

DIE MEISTEN KATZENHALTER ernähren ihre Tiere mit fertig zubereiteten Futtermischungen.

EINE WISSENSCHAFT FÜR SICH ...

... ist Katzenernährung heutzutage für viele engagierte Halter. An der Wahl des richtigen Katzenfutters scheiden sich die Geister, und kaum ein anderes Thema wird derart hitzig (und manchmal auch dogmatisch) diskutiert. Man muss aber kein Ernährungsexperte sein, der jeden Inhaltsstoff und dessen Funktion im Körper bis ins letzte Detail kennt, um seine Katze vernünftig zu ernähren. Wenn Ihre Katzenkinder im Alter von zwölf Wochen oder später bei Ihnen einziehen, erkundigen Sie sich bitte zunächst, welches Futter die Kleinen bislang erhalten haben, was sie besonders gerne fressen, und was sie eventuell schlecht vertragen haben.
Selbst wenn Sie diese Ernährung nicht für optimal halten, sollten Sie ein bis zwei Wochen die gewohnte Nahrung weiterfüttern, um den Kätzchen (und sich) nach dem Einzug bei Ihnen nicht gleich zusätzlichen Stress zu bereiten. Zu schnelle Futterumstellungen ziehen nämlich häufig Durchfälle nach sich, oder die fremde Nahrung wird einfach nicht angenommen – vor allem, wenn die Tiere noch fremdeln oder bislang ausschließlich mit einer einzigen Futtersorte gefüttert wurden. Erhöhen Sie innerhalb des Zwei-Wochen-Zeitraums den Anteil der neuen Sorte Tag für Tag um einen Teelöffel, während Sie das andere Futter um die entsprechende Menge reduzieren.
Der Markt für Heimtiernahrung bietet eine Fülle von Nassfuttervarianten, die in Dosen, Aluschälchen oder Portionsbeuteln angeboten werden, sowie unzählige Trockenfuttersorten, die – noch stärker als die Dosennahrung – für individuelle

Katzenbedürfnisse (beispielsweise „bei empfindlichem Magen", „für glänzendes Fell", „gegen Harnsteine", „bis zum 6. Lebensmonat") konzipiert sind. Darüber hinaus haben Sie die Möglichkeit, die Nahrung Ihrer Katzenkinder selbst zusammenzustellen. Das Barfen (BARF = Biologisch Artgerechte Rohfütterung) liegt voll im Trend, bedarf aber einer gründlichen Auseinandersetzung mit der Materie, damit Ihre heranwachsenden Katzen mit allen wichtigen Vitaminen, Mineralstoffen und für den Stoffwechsel essenziellen Aminosäuren versorgt werden. Außerdem ist der Zeitaufwand für die Beschaffung der Zutaten und die Zubereitung nicht zu unterschätzen.

Das Barfen und die Fütterung mit qualitativ hochwertigem Nassfutter aus der Dose entsprechen am ehesten einer natürlichen Ernährung, denn die Flüssigkeitszufuhr spielt eine große Rolle für die Katzengesundheit. Die Vorfahren unserer Haus- und Rassekatzen sind Steppen- und Halbwüstenbewohner, die einen Großteil ihres Wasserbedarfs über den Verzehr ihrer Beutetiere decken. Leider sind viele Katzen nicht besonders motiviert, größere Mengen zu trinken, und manche Katzenhalter beteuern, ihre Katze noch nie beim Trinken beobachtet zu haben, obwohl die feuchten Klumpen im Katzenklo bezeugen, dass sie es tun. Besonders für trinkfaule Katzen ist eine überwiegend oder ausschließlich auf Trockenfutter basierende Ernährung auf Dauer gefährlich, da die Nieren auf Hochtouren arbeiten müssen, um die restlichen sechs bis zehn Prozent Feuchtigkeit aus dieser Nahrung herauszufiltern. Aber Trockenfutter hat auch Vorteile: Es ist gut zu lagern und verdirbt nicht so schnell, falls Sie aufgrund einer Abwesenheit den Tieren mal etwas auf Vorrat anbieten müssen. Auch kommt es dem Bedürfnis vieler Katzen entgegen, mal so richtig etwas zwischen den Zähnen zu haben, was sie knabbern und zerknacken können. Viele Intelligenzspielzeuge sind ebenfalls besser damit zu befüllen, und hier geht es ja ohnehin eher um die Herausforderung des „Erjagens" als um den Verzehr großer Mengen.

DIE MISCHUNG MACHT'S

Den größten Gefallen tun Sie Ihren Katzenkindern, indem Sie von allem etwas anbieten, wobei der Anteil an Feuchtfutter zwei Drittel bis drei Viertel ausmachen sollte und der Rest in Form von Trockenfutter gut auf besondere Leckerligaben und während Ihrer Abwesenheit angebotene Intelligenzspielzeuge verteilt werden kann. Eine abwechslungsreiche Ernährung (auch von unterschiedlichen Fertigfutterherstellern) hat den großen Vorteil, dass Ihre Kätzchen sich nicht nur an ein bestimmtes Futter gewöhnen und anderes verschmähen.

Es ist zwar umstritten, ob es eine echte Nahrungsprägung bei Katzen gibt, doch die Praxis zeigt, dass viele Miezen sehr beharrlich ihr Lieblingsfutter einfordern – vor allem, wenn sie bei ihren Dosenöffnern damit durchkommen. Daraus kann ein echtes Problem erwachsen, wenn der lokale Einzelhandel die Sorte plötzlich nicht mehr im Sortiment hat, ihre Rezeptur geändert wurde oder sie gar ganz vom Markt genommen wurde.

SPEZIELLES KITTENFUTTER

Das von vielen Herstellern eigens für Kitten angebotene Futter muss nicht unbedingt im Napf landen, solange die Nahrung die eingangs erwähnten Anforderungen erfüllt. Lesen Sie sich bitte gründlich die Zutatenliste und die Angaben ihrer prozentualen Anteile durch. Manche Sorten für junge Katzen besitzen einen höheren Protein- oder Fettanteil als die für erwachsene Tiere und weisen somit einen höheren Energiegehalt (Brennwert) auf, doch bei vielen Herstellern ist der Unterschied zwischen Kitten- und Erwachsenennahrung ohnehin nicht groß.

WANN, WO UND WIE FÜTTERN?

Apropos „mehr fressen": Kätzchen haben von Natur aus nicht das gleiche Sättigungsgefühl wie ausgewachsene Artgenossen und können recht eindrucksvolle Mengen auf einmal verzehren. Das ist aber keine „Essstörung", sondern ein sinnvoller Instinkt, denn in der Natur nimmt ein wachsendes Lebewesen so viel Nahrung auf, wie es kann – es könnte ja für längere Zeit die letzte Mahlzeit gewesen sein. Völlerei ist aufgrund der Jagdtaktik von Kleinkatzen selbst bei gutem Beuteangebot ohnehin nicht vorgesehen: Zwischen zwei Jagderfolgen liegt immer ein zeitlicher Abstand, meist von ein bis zwei Stunden. Ihre Fütterung sollte sich diesem Rhythmus annähern, denn so kann der Organismus der Kätzchen die Nährstoffe optimal verwerten.

IMMER AM SELBEN PLATZ FÜTTERN

Bieten Sie die Mahlzeiten bitte immer am selben Platz an, zum Beispiel in einer ruhigen Ecke der Küche. Servieren Sie das Futter Ihrer Kätzchen in getrennten Näpfen, am besten in ein bis zwei Metern Abstand zueinander. Falls der Napf des Mitbewohners interessanter ist als der eigene, setzen Sie den „Fremdgänger" mit einem nachdrücklichen „Nein!" sanft, aber konsequent wieder an die eigene Futterschale – so oft, bis die Botschaft angekommen ist. Vielleicht wundert Sie diese Maßnahme, weil Ihre Kitten doch problemlos gemeinsam aus einer Schale futtern und es so niedlich ist, wie sie die Köpfchen zusammenstecken. Es geht nicht darum, Futterneid zu vermeiden, sondern für den Fall vorzusorgen, dass ein Tier mit der Nahrung Medikamente erhält, die die andere Katze nicht aufnehmen soll.

Info

WIE OFT FÜTTERN? – EINE RICHTLINIE

Bis Ende 4. Lebensmonat: 4 Mahlzeiten pro Tag

Bis Ende 8. Lebensmonat: 3 Mahlzeiten pro Tag*

Ab dem 12. Lebensmonat: 2 Mahlzeiten pro Tag

* Groß und schwer werdende Katzenrassen können bis zum Ende des ersten Lebensjahres drei Mahlzeiten erhalten.

KATZENGRAS ist Vitaminlieferant, Knabberspaß und Helfer beim Erbrechen von Haarballen.

BEIM FRESSEN IM AUGE BEHALTEN

Wenn Sie es zeitlich einrichten können, behalten Sie Ihre Kätzchen möglichst bei den Hauptmahlzeiten im Auge und entfernen Sie Futterreste nach einer halben Stunde bis Stunde. Angetrocknetes wird ohnehin von den wenigsten Katzen noch verzehrt und riecht ziemlich schnell unappetitlich. Bleibt trotz guten Appetits häufiger etwas übrig, reduzieren Sie die Menge bitte entsprechend.

KATZENGRAS & CO.

Katzengras ist eine echte Bereicherung für die meisten Katzen, weil das Knabbern ihnen Spaß macht und sie das eine oder andere Vitamin darüber aufnehmen. Achten Sie darauf, schmalblättrige Grassorten ohne behaarte Blätter zu erwerben, da Letztere problemlos geschluckt werden können und nicht an den Widerhaken der Katzenzunge hängen bleiben. Gute Alternativen oder Bereicherungen der „Salatbar" können ungespritzter, zum Beispiel selbst gezogener Zimmer- oder Gartenbambus sein. Viele Katzen delektieren sich auch gerne an frischer Katzenminze und Katzengamander. Falls der Enthusiasmus der Kleinen zu groß ist und das Ganze in eine Wälz-, Rupf- und Sabberorgie ausartet, bieten Sie lieber nur einzelne Zweige an. Auf jeden Fall ist der kleine „Rausch" durch Katzenminze und andere Katzenkräuter völlig harmlos. Beneidenswert, oder?

Wird Grünzeug gleich nach dem Verzehr wieder erbrochen, ist das oft der großen Gier geschuldet, mit der sich die Kätzchen darauf stürzen. Grundsätzlich ist das Herauswürgen der Pflanzenteile aber normal und sogar erwünscht, weil hierbei auch beim Putzen geschluckte Haare aus dem Magen entfernt werden.

GRUNDLAGEN FÜR EIN GESUNDES KATZENLEBEN

KÖRPERPFLEGE
– mehr als nur Schönheitspflege

Sind Sie als Kind gerne zum Friseur gegangen? Falls Sie dies verneinen, haben Sie etwas mit den meisten Kindern – auch Katzenkindern! – gemeinsam. Letztere finden langes Stillhalten ebenfalls blöd, und wenn die Pflegeutensilien auf unsensible Art und Weise vorgestellt wurden, kann sich hieraus eine dauerhafte Abneigung gegen Kamm und Bürste entwickeln. Während sich ein Kätzchen zur Not noch mit Zwang halten lässt (was im Übrigen nicht der richtige Weg ist und eher zu wachsender Ablehnung und Widerstand führt), kann eine ausgewachsene Katze sich als sehr erfinderisch und wehrhaft erweisen, wenn sie sich dem Pflegeritual entziehen will. Entweder ergreift sie schon beim Öffnen der verdächtigen Schublade oder spätestens beim Erblicken der „Foltergeräte" in Ihren Händen die Flucht.

DIE RICHTIGEN PFLEGEUTENSILIEN

Der Markt bietet eine große Auswahl an Bürsten und Kämmen speziell für Katzen. Viele dieser Produkte sind sehr effizient, aber nicht alle stoßen auf Gegenliebe. Vermeiden Sie unbedingt Geräte mit sehr eng stehenden, scharfkantigen Zinken für die Fellpflege, denn junge Katzen haben noch nicht so dicke Unterwolle wie erwachsene. Ihre Haut ist empfindlicher. Viele Kunststoffprodukte sind unangenehm, weil sie sich statisch aufladen – ein prickelndes Erlebnis, auf das alle Beteiligten gerne verzichten. Für den Einstieg ideal sind Bürsten mit weichen Naturborsten. Schauen Sie ruhig mal in der Abteilung für Babybedarf Ihres Drogeriemarktes danach. Für Langhaarkatzen gehört von Anfang an der grobzinkige Kamm mit rotierenden, an der Spitze abgerundeten Zinken dazu sowie eine spezielle Haustierhaarschere mit abgerundeten Spitzen zum gefahrlosen Entfernen hartnäckiger Haarknoten.

LASSEN SIE IHR KÄTZCHEN bitte freiwillig den ersten Kontakt mit dem fremden Pflegeutensil aufnehmen.

KÖRPERPFLEGE

MIT KAMM UND BÜRSTE

Führen Sie Ihre Kätzchen spielerisch an die Pflegeutensilien heran, indem Sie diese zunächst zwecks Inspektion mit Nase und Pfoten auf den Boden legen. Streicheln, loben und ermutigen Sie die Kleinen, wenn sie Interesse an „Borstenvieh mit Holzrücken" oder dem ulkigen Ding mit den kalten Piecksern zeigen. Beginnen Sie mit ein bis zwei beiläufigen Kamm- oder Bürstenstrichen täglich über den Rücken, die sich für die Katze wie streicheln anfühlen, also ohne zu hohen Druck. Halten Sie Kätzchen dabei nicht fest und loben Sie, während die Pflege stattfindet. Steigern Sie die Zahl der Bürstenstriche täglich. Viele Katzen ducken sich unter Kamm und Bürste weg, wenn sie genug haben. Hören Sie möglichst auf, bevor dieser Zeitpunkt erreicht ist. Für kurzhaarige Katzen ohne Freigang reichen wenige Minuten Bürsten oder Kämmen einmal pro Woche ohnehin völlig aus.

TÄGLICHES PROGRAMM FÜR LANGHAARIGE SCHÖNHEITEN

Für langhaarige Vertreter wie Perserkatzen oder Maine Coons ist das tägliche Pflegeritual jedoch unverzichtbar. Insbesondere unter den Achseln, am Bauch sowie im After- und Genitalbereich kann das Fell enorm schnell verfilzen. Kleine Knötchen entstehen innerhalb eines Tages, und am zweiten Tag können sie bereits unangenehm groß und unentwirrbar sein. Extreme Verfilzungen schränken die Tiere bei Bewegungen ein und ziepen gemein. Immer wieder werden Tierschützer mit entsetzlich verwahrlosten Langhaarkatzen konfrontiert, deren ahnungslose oder gleichgültige Halter sie nie bürsteten. Aufgrund der teilweise grauenvoll verklebten Haarmatten sind sie medizinische Notfälle, denn im Extremfall können sie sich nur noch unter Schmerzen bewegen und kaum noch Kot absetzen. Meist muss das komplette Haarkleid herunter geschoren werden, nicht selten in Vollnarkose.

DAS KLAPPT SCHON GANZ GUT. Dieses Kitten hält schon artig still.

DER GROBZINKIGE KAMM kitzelt ganz schön am Bauch – ist das etwa eine Spielaufforderung?

GRUNDLAGEN FÜR EIN GESUNDES KATZENLEBEN

So bleiben Kätzchen GESUND

Die regelmäßige Pflege des Haarkleids ist auch ein guter Zeitpunkt, um die Katzen auf etwaige Krankheitszeichen im Kopfbereich hin zu untersuchen. Infektionen der Atemwege machen sich durch eine laufende oder verstopfte Nase bemerkbar; oft fiept die Katze beim Atmen oder produziert rasselnde und schnaufende Nebengeräusche, ähnlich den unsrigen, wenn uns ein heftiger Schnupfen oder eine Bronchitis ereilt hat. Verklebte, gerötete Augen können auf eine bakterielle Bindehautentzündung hinweisen, aber auch als Begleitsymptom von Virusinfektionen auftreten. Insbesondere wenn nur ein Auge betroffen ist, das stark tränt und zusammengekniffen wird, könnte ein Fremdkörper ins Auge geraten und/oder die Hornhaut abgeschürft sein. Gesunde Katzenohren sind innen rosig

MANCHE MEDIKAMENTE dürfen nur ohne Futter verabreicht werden – keine leichte Aufgabe!

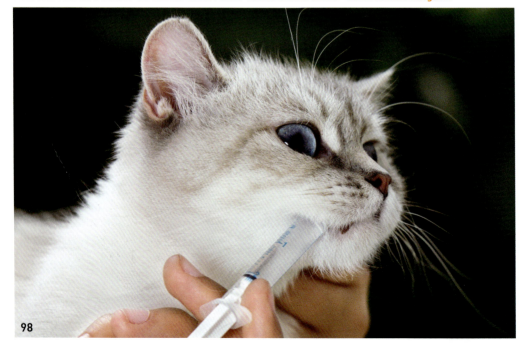

und sauber. Ohrenschmalz sollte nur in kleinen Mengen zu sehen sein, wenn man etwas tiefer in den Gehörgang schaut – sozusagen kurz bevor es darin dunkel wird. Schwarzbraune Beläge oder Pünktchen können ebenso wie übler Geruch aus den Ohren auf Ohrmilben oder bakterielle Infektionen hinweisen. Auch allergische Reaktionen machen sich häufig durch starke Rötungen oder abschuppende Haut der Ohren bemerkbar, bevor sie am übrigen Haarkleid sichtbar werden.

UNGEBETENE GÄSTE

Die Notwendigkeit von Wurmkuren für Kitten wurde bereits Seite 58 angesprochen. Aber selbst im saubersten Haushalt können sich die Kleinen infizieren, beispielsweise durch an den Schuhsohlen haftende Wurmeier, die in die Wohnung mitgebracht werden. In unseren Breiten infizieren Katzen sich am häufigsten mit Spul- und Hakenwürmern sowie den in erster Linie von Flöhen übertragenen Bandwürmern. Glücklicherweise sind die heute speziell für Katzen entwickelten Wurmkuren gut verträglich und können nach der Diagnosestellung durch den Tierarzt zu Hause durchgeführt werden. Flöhe weisen Sie im Katzenfell nach, indem Sie einen Flohkamm im 90-Grad-Winkel zur Haut ausgerichtet bis auf die Unterwolle kurz an verschiedenen Stellen durch das Fell ziehen. Finden Sie schwarzbraune Krümelchen zwischen den Haaren, streuen Sie diese auf ein angefeuchtetes Stück Küchenkrepp. Verwandeln die Pünktchen sich in rötlich-braune Flecken, haben Sie Flohkot erwischt, der nichts

AUGENTROPFEN dürfen nie frontal ans Auge geführt werden, sondern nur von hinten.

anderes ist als getrocknetes Blut. Neben der Flohbehandlung wird Ihr Tierarzt Ihren Kätzchen auf jeden Fall eine Wurmkur gegen Bandwürmer verordnen. Warten Sie nicht, bis die Parasiten sich ausbreiten, denn sonst müssen Sie auch den Lebensraum der Kätzchen extrem gründlich reinigen, um Flohpuppen und -larven zu vernichten.

KINDERKRANKHEITEN?

Typische Kinderkrankheiten, wie Menschenkinder sie durchlaufen (beispielsweise Masern, Windpocken, Röteln und Mumps), um als Erwachsene dann gegen diese Viruserkrankungen lebenslang immun zu sein, gibt es bei Katzenkindern nicht. Leider verlaufen einige katzenspezifische Virusinfektionen tödlich oder hinterlassen bleibende Schäden an inneren Organen oder dem Nervensystem. Daher sind regelmäßige Schutzimpfungen ein absolutes Muss, um das sich jeder verantwortungsvolle Katzenhalter kümmern sollte.

IM ZWEIFELSFALL konsultieren Sie lieber einmal zu viel als zu wenig den Tierarzt.

DURCHFALL

Ähnlich wie bei Menschenkindern ist das Verdauungssystem von Kätzchen noch nicht so stabil wie bei ausgewachsenen Katzen. Magen und Darm sind wichtige Teile des Immunsystems, das sich bei heranwachsenden Lebewesen erst noch vollständig ausbilden muss. Junge Katzen neigen daher zu Durchfall, der zahlreiche Ursachen haben kann. Viele davon mögen harmlos sein, aber der Durchfall selbst ist es nicht. Ein betroffenes Kätzchen kann innerhalb weniger Stunden viel Flüssigkeit verlieren. Durch sanftes Hochziehen des Nackenfells können Sie prüfen, ob das der Fall ist: Die hochgezogene Hautfalte sollte innerhalb einer Sekunde verschwunden sein, d. h. das Fell wieder glatt anliegen. Tut es das nicht, dann nichts wie ab zum Tierarzt. Lassen Sie sich dort nicht vertrösten – Ihr Katzenkind ist ein akuter Notfall!

Leichter Durchfall ohne Fieber, bei dem das betroffene Kätzchen noch putzmunter ist, lässt sich oft gut mit gekochtem, ungewürztem Hühnerfleisch kurieren, dem etwas weich gekochter weißer Reis beigemengt wird. Ins Trinkwasser können Sie etwas schwarzen Tee geben, der 15 Minuten lang zog. Die Gerbstoffe darin wirken beruhigend auf Magen und Darm. Hält der Durchfall jedoch länger als 24 Stunden an, ohne dass eine deutliche Verbesserung eintritt, suchen Sie bitte Ihre Tierarztpraxis auf. Es können auch Einzeller (Giardien, Kokzidien) oder eine bakterielle Infektion dahinter stecken.

Gefährliche Infektionskrankheiten
IM ÜBERBLICK

FELINE INFEKTIÖSE PERITONITIS (FIP)

Verursacher ist das Feline Coronavirus, das etwa die Hälfte der deutschen Katzenpopulation in sich trägt. Die Erstinfektion verläuft meist undramatisch mit leichtem Durchfall. Hauptansteckungsquelle sind Katzenklos an Orten, wo viele Katzen zusammenleben. Doch viele Virusträger bleiben ihr Leben lang kerngesund. Erst wenn der Erreger mutiert, bricht die FIP aus und ruft Entzündungen im Körper hervor, meist eine Bauchfellentzündung mit starker Flüssigkeitsbildung, die mit hohem Fieber einhergeht. Über eine Probe der Flüssigkeit kann die FIP zuverlässig diagnostiziert werden. Besonders gefährdet sind Jungkatzen und alte Tiere, deren Immunsystem bereits angegriffen ist. Die FIP verläuft immer tödlich.

IMPFSCHUTZ Die FIP-Impfung ist umstritten und die Lehrmeinung geht dahin, dass sie wirkungslos ist. Wenn überhaupt, kommen nur Kätzchen dafür infrage, die noch keinen Kontakt mit dem Coronavirus hatten (Antikörpertest). Virusträgern bietet die FIP-Impfung keinen Schutz. Ob sie schadet, ist umstritten. Einen zuverlässigeren Schutz erreichen Sie über gute Hygiene, ausgewogene Ernährung und wenig Stress im Lebensraum.

LEUKOSE (FELINE LEUKÄMIE)

Das primär durch Speichel und somit durch direkten Körperkontakt zwischen Katzen übertragene FeLV-Virus vermehrt sich in Schleimhäuten und Lymphsystem und infiziert schließlich das für die Blutbildung zuständige Knochenmark. Das Virus kann jahrelang im Katzenkörper existieren, ohne dass Symptome auftreten. Doch bricht die Leukose aus, zeigt sich dies vor allem durch verminderte Leukozyten-, Thrombozyten- und Lymphozytenzahlen. Das entartete Blutbild verzögert Heilungsprozesse und macht die Katze anfällig für Sekundärinfektionen wie Zahnfleisch- und Ohrentzündungen. Es können schnell wachsende Tumoren entstehen. Eine ausgebrochene Leukose bedeutet das Todesurteil für die betroffene Katze.

IMPFSCHUTZ Der Leukoseimpfschutz ist für künftige Freigänger unbedingt erforderlich, da sie in Beißereien mit fremden Katzen verwickelt werden können. Voraussetzung für die erfolgreiche Immunisierung ist ein negativ ausgefallener Leukosetest. FeLV-positive Katzen dürfen auf keinen Fall gegen Leukose geimpft werden und sollten im Haus gehalten werden, um andere Katzen nicht anzustecken.

FELINES IMMUNSCHWÄCHEVIRUS (FIV), KATZEN-AIDS

Die Übertragung findet in erster Linie über Bissverletzungen, also von Speichel auf Blut, statt. Unkastrierte Freigänger sind deshalb am stärksten gefährdet. Drei bis sechs Wochen nach der Ansteckung schwellen die Lymphknoten an und die Zahl weißer Blutkörperchen nimmt ab. Oft gehen diese Symptome mit einem Fieberschub einher. Nach einigen Wochen bis Monaten klingt diese Reaktion ab, und die Katze kann Monate bis Jahre äußerlich gesund erscheinen. Erst wenn das Immunsystem schwächelt, treten Sekundärinfektionen auf, die einfach nicht abheilen wollen. Typisch sind Gewichtsverlust, chronischer Durchfall, Entzündungen der Mundhöhle und Haut, aber auch der inneren Organe. Auf Menschen ist Katzen-AIDS nicht übertragbar. Wichtig: Schnelltests ergeben manchmal falsch positive Ergebnisse. Im Zweifelsfall sollten Sie in den sogenannten Western-Blot-Test investieren, um Gewissheit zu erlangen.

IMPFSCHUTZ Unbedingt erforderlich für Freigänger. Die Wirksamkeit der Impfung liegt bei etwa 80 Prozent.

KATZENSCHNUPFEN

Der Katzenschnupfen ist eine Mischinfektion, an der katzenspezifische Herpes- sowie Caliciviren beteiligt sind. Oft kommen noch Bakterien hinzu. Für die Tiere sind die Schnupfensymptome äußerst quälend: Augen und Atemwege verschleimen und vereitern, auch Entzündungen der Mundhöhle treten auf. Vor allem bei infizierten Kitten führt der Katzenschnupfen zu furchtbaren Augenentzündungen bis hin zum Verlust des Augenlichts. Die Erkrankung kann bei stark geschwächten Tieren, vor allem Jungtieren, auch tödlich verlaufen.

EIN BLICK INS MAUL kann Hinweise auf Erkrankungen liefern, die sonst unentdeckt blieben.

GEFÄHRLICHE INFEKTIONSKRANKHEITEN

SNAP-TESTS (Schnelltests) gibt es mittlerweile für viele Infektionskrankheiten.

IMPFSCHUTZ Auch für Wohnungskatzen wichtig, da die zählebigen Herpes- und Caliciviren auch von außen eingeschleppt werden können. Infektionen können zwar trotz Impfschutz noch auftreten, da die Zahl der beteiligten Erreger groß und unterschiedlich ist, doch verlaufen sie wesentlich milder als ohne Impfung.

KATZENSEUCHE (FELINE PANLEUKOPENIE)

Das feline Parvovirus ist sehr zäh, und Katzen können sich nicht nur über sämtliche Körperflüssigkeiten, sondern auch durch den Kontakt mit infizierten Gegenständen damit anstecken. Symptome sind Apathie, starke Durchfälle und Erbrechen. Die Nahrung wird meist verweigert, und das erkrankte Tier wird schnell schwächer. Die Zahl der weißen Blutkörperchen sinkt drastisch. Gefährdet sind vor allem junge Katzen bis zum Alter von einem Jahr. Das Gefährliche an der Katzenseuche sind ihre kurze Inkubationszeit und die Heftigkeit der ausgebrochenen Krankheit. Es sind Fälle bekannt, in denen Katzen den Haltern abends noch gesund erschienen und morgens tot in ihrem Körbchen lagen. Bei rechtzeitiger Behandlung und mit Glück können Kätzchen die Infektion überleben, aber die Chancen sind nicht hoch.

IMPFSCHUTZ Glücklicherweise kann gegen die Katzenseuche sehr wirksam geimpft werden – schützen Sie Ihre Kätzchen unbedingt!

Info

RICHTIG HANDELN IM KRANKHEITSFALL

- Warten Sie nicht zu lange, d. h. nicht länger als 24 Stunden mit dem Tierarztbesuch. Verschleppte Krankheiten verlaufen meist langwieriger und verursachen oft höhere Kosten als frühzeitig behandelte.

- Bitte behandeln Sie Ihre Katzen niemals ohne tierärztliche Abklärung mit Medikamenten aus der Humanmedizin, die Sie bei gleichartigen Symptomen anwenden.

- Behandeln Sie Ihre Katzen nicht mit Resten von Medikamenten, die die Tiere bei gleichartigen Symptomen verordnet bekamen. Die Ursache kann diesmal eine andere sein, und die vorschnelle Medikamentengabe erschwert oder verhindert womöglich eine korrekte Diagnose.

- Wenn Sie bezüglich eines Krankheitsverlaufs oder einer Medikation unsicher sind, rufen Sie lieber einmal zu viel als zu wenig in der Praxis an!

GRUNDLAGEN FÜR EIN GESUNDES KATZENLEBEN

KASTRATION
ist praktizierter Tierschutz

Sie werden sehen, dass – nicht anders als bei Menschenkindern – aus Ihren süßen kleinen Kitten rasch Jungkatzen mit individuellen Persönlichkeiten werden. Entsprechend individuell verläuft bei ihnen auch die Entwicklung der Geschlechtsreife, die sich ganz unterschiedlich bemerkbar machen kann. Gerade die Herren der Katzenschöpfung sollten Sie genau im Auge behalten: Falls Ihre Katerchen plötzlich häufig den steil aufgerichteten Schwanz vibrieren lassen und sich hierbei an Türrahmen, Mauerecken und ähnlich „herausragenden" Punkten positionieren, ist es höchste Zeit, sich um die Kastration zu kümmern. Aus diesem „Trockenmarkieren" entwickelt sich das katertypische Urinmarkieren, das die Tiere unter Umständen nicht wieder einstellen, wenn es vor der Kastration schon zur Gewohnheit wurde.

Bereits im ersten Kapitel erwähnte ich, dass „Doktorspiele" der lieben Kleinen für ungewünschten Nachwuchs sorgen können. Aber selbst wenn Sie gleichgeschlechtliche Tiere halten, sollten Sie sie unbedingt kastrieren lassen. Sie nehmen den Katzen – und sich! – damit eine Menge Stress, denn die Suche nach einem Fortpflanzungspartner ist bei beiden Geschlechtern nun mal genetisches Programm und will durch die Paarung belohnt werden. Häufig wird unterschätzt, wie sehr vor allem rollige Kätzinnen leiden, vor allem, wenn sie ihre Rolligkeit nur „dezent" durch Gurren und Wälzen auf dem Boden zeigen. Mehr Überzeugungskraft haben die Vertreterinnen der Spezies, die ihren Zustand laut schreiend kundtun und ebenfalls mit dem (nicht nur Katern vorbehaltenen!) Urinmarkieren beginnen. Aber gerade der Hormonhaushalt weiblicher Tiere gerät durch die ausbleibende Befruchtung in Dauerstress: Dauerrolligkeit, Zystenbildung und Gebärmutterentzündungen sind die Folgen.

BITTE GEWÄHREN SIE Ihrem Kätzchen erst Freigang, wenn es kastriert ist.

KASTRATION

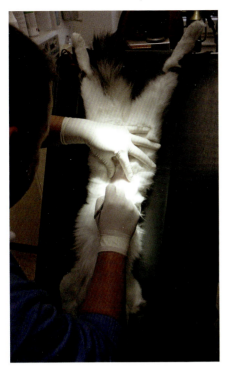

DIE KASTRATION weiblicher Katzen ist ein kurzer tierärztlicher Routineeingriff.

Info

KASTRATION – AUCH FÜR DIE DAMENWELT!

Weibliche Katzen werden kastriert, nicht sterilisiert: Sowohl bei den männlichen als auch den weiblichen Tieren werden die Keimdrüsen entfernt: bei Katern die Hoden, bei Kätzinnen die Eileiter. Dagegen werden bei einer Sterilisation die Eileiter bzw. Samenstränge durchtrennt, wobei die Keimdrüsen weiterhin an der Hormonbildung beteiligt bleiben. Sterilisierte Tiere würden daher das gleiche Verhalten zeigen wie ihre fortpflanzungsfähigen Artgenossen. Neben der Unfruchtbarmachung hat die Kastration den Vorteil, dass die Tiere dank des gesenkten Hormonspiegels nicht mehr unter ihrem unerfüllten Trieb leiden – und die Menschen die hieraus folgenden Verhaltensweisen ihrer kätzischen Mitbewohner nicht ertragen müssen.

KASTRATION IST KATZENSCHUTZ

Doch so viele nachdrückliche Hinweise sollten Sie als tierlieber Mensch gar nicht benötigen, um Ihre Jungkatzen beim Tierarzt für den Eingriff anzumelden. Abgesehen vom Schutz Ihrer eigenen Einrichtung und Ihres Seelenfriedens verhindern Sie nicht nur das Leid Ihrer eigenen Katzen, sondern helfen auch mit, das durch Überpopulation entstandene Katzenelend einzudämmen. Selbst wenn Ihre Katzen reine Stubentiger bleiben sollen: sie können auch mal entwischen, und unkastrierte Tiere versuchen dies aufgrund ihres Triebs eher als kastrierte. Bei Freigängern senkt die Kastration außerdem das Risiko, dass sie sich durch Paarungsbiss, Revierkämpfe oder den Geschlechtsakt mit gefährlichen Krankheiten infizieren. Falls Ihre Katzen Freigang genießen sollen, lassen Sie bitte beide Geschlechter frühestens sechs Wochen nach der Kastration nach draußen. Die Kater sind erst dann nicht mehr zeugungsfähig, und die Katzen hatten ausreichend Zeit, sich von dem für sie etwas schwereren Eingriff ausreichend zu erholen.

ERZIEHUNG
auch für junge Samtpfötchen

TURNÜBUNGEN IN DEN GARDINEN? NASCHEN VOM ESSTISCH? NIX DA! KONSEQUENZ IST DAS A UND O BEI DER KATZENERZIEHUNG. UNSERE SAMTPFOTEN LERNEN SCHNELL UND GERNE, WENN SIE RICHTIG UND MASSVOLL ERZOGEN WERDEN. WIE ES GEHT, LESEN SIE HIER.

ERZIEHUNG – AUCH FÜR JUNGE SAMTPFÖTCHEN

GRUNDLAGEN
der Katzenerziehung

Katzen haben nach wie vor den Ruf, kaum erziehbar zu sein. Das ist äußerst ungerecht gegenüber unseren hochintelligenten Stubentigern, denn wenn als Maßstab der Grundgehorsam eines Hundes angelegt wird, der Aufforderungen wie „Komm", „Sitz" und „Platz" zuverlässig befolgt, kommt das einem Vergleich zwischen Äpfel und Birnen gleich. Am Beispiel von Hund und Katze lässt sich jedoch hervorragend erläutern, warum Katzen oft als erziehungsresistent angesehen werden und selbst erfahrene Katzenhalter manchmal kurz davor sind, an ihnen zu verzweifeln: Die Vorfahren unserer Haushunde jagen im Rudel und sind auf Kooperation angewiesen, um überlebenswichtige Jagderfolge zu erzielen. Hauskatzen (und ihre Vorfahren) hingegen jagen konsequent alleine. Die aktive Zusammenarbeit mit anderen ist also laut ihrem genetischen Plan nicht wichtig für ihr Überleben. Was für ihren Jagderfolg zählt, sind eine sehr gute Beobachtungsgabe, Beharrlichkeit, kurzfristig hohe Konzentration und schnelle Reaktionen. Wenn Sie einmal bewusst darauf achten, erleben Sie diese Eigenschaften sehr häufig im Einsatz.

So registrieren Ihre Kätzchen beispielsweise genau, wo Sie die volle Einkaufstüte abgestellt haben, als das Telefon klingelte. Wundern Sie sich bitte nicht, wenn eine Viertelstunde später ein Loch in der Tüte klafft und die Rabauken sich erfolgreich ins Innere vorgearbeitet haben, vielleicht schon bis zum Putensteak. Da sie Ihnen oft genug beim Auspacken von Einkäufen zugesehen haben, wissen die Kleinen genau, dass da auch etwas Gutes für sie drin sein könnte.

Dank ihrer hervorragenden Beobachtungsgabe und Intelligenz lernen viele Katzen ganz erstaunliche Dinge, die ihnen niemand bewusst beigebracht hat: Das Öffnen von Zimmertüren beherrschen viele Katzen meisterhaft beziehungsweise versuchen es immer wieder, bis sie als erwachsene Tiere das nötige Gewicht zum Herunterdrücken der Klinke erreicht haben. Auch das WC wird von einigen Miezen zu dem gleichen Zweck benutzt wie von den Zweibeinern. Nicht ganz so ehrgeizige Exemplare beschränken sich auf das Drücken der Wasserspültaste und erfreuen sich an dem gurgelnden Wasser in der Schüssel sowie dem Gefühl, etwas so Faszinierendes selbst bewirkt zu haben. Die gute Nachricht ist, dass die Erziehung von Wohnungskatzen Ihnen weder einen gewaltigen Aufwand abverlangen wird noch solch ein Mysterium ist, als dass Sie sie nicht erfolgreich durchführen könnten. Wichtig ist, dass sie von Anfang an konsequent stattfindet und Sie die richtigen Erziehungsmaßnahmen wählen.

EIN GEDECKTER TISCH ist verführerisch für jede Katze. Samtpfoten können aber lernen, dass sie – zumindest in Gegenwart ihrer Menschen – dort nicht erwünscht sind.

KLARE REGELN VON ANFANG AN

Sie haben Ihren Katzen das Geschenk gemacht, mit einem Artgenossen zusammenleben zu dürfen. Es gibt Intelligenzspielzeug in Ihrem Haushalt und Sie spielen auch regelmäßig mit den Jungspunden. Trotzdem werden Ihre Kätzchen von Zeit zu Zeit Dinge tun, die sie nicht tun sollen – das ist Teil des normalen Erkundungsverhaltens und zeugt von Intelligenz, altersgemäßer Neugier und Lebensfreude. Andererseits ist es vollkommen in Ordnung, wenn bestimmte Orte (Küchenarbeitsplatte, Esszimmertisch oder ein ganzes Zimmer) für die Kleinen „tabu" sind. Allerdings kommt es immer auf die Verhältnismäßigkeit der Einschränkungen an: In einer 40-Quadratmeter-Wohnung darf man seinen Kätzchen nicht den Zugang zur halben Wohnung verwehren und sie ausschließlich in Küche und Bad verbannen, während der Esstisch ruhig katzenfrei bleiben darf. In einem Haus oder einer großen Wohnung ist es aber durchaus vertretbar, wenn ein bis zwei Räume für die Katzen „off limits" sind. Bitte einigen Sie sich unbedingt mit anderen Mitgliedern Ihres Haushalts darüber, was erlaubt sein soll und was nicht. So vermeiden Sie es, Ihre Katzen zu verunsichern. Was einmal tabu ist, sollte für immer tabu sein. Leider sind wir Menschen – im Gegensatz zu unseren Haustieren! – nämlich ziemlich oft inkonsequent: Während diese im Hier und Jetzt leben und sich vollkommen auf eine Sache fokussieren, sind unsere Köpfe voller Alltagsdinge, die uns leicht ablenken. Und schon lassen wir Fünfe gerade sein, obwohl es grundverkehrt ist.

GRUNDLAGEN DER KATZENERZIEHUNG

VIELE KATZEN ERZIEHEN ihre Menschen erfolgreich zu braven Türöffnern.

Das geschieht meistens dann, wenn wir gerade müde und erschöpft von der Arbeit zurück sind und nicht die Zeit oder Energie haben, um unseren Tieren gerade in diesem Moment erzieherische Maßnahmen angedeihen zu lassen. Aber genau dieser Moment zählt! Etwas, das mal erlaubt und mal verboten ist, spornt Ihre Katzenkinder an, es immer wieder zu versuchen, wenn der Anreiz nur groß genug ist. Beispiele für solche starken Anreize sind duftendes Essen auf dem Tisch, eine toll riechende kuschelige Wolldecke und Kissen zum Verstecken im Gästezimmer oder die perfekt ins Beuteschema passenden Make-up-Utensilien im Bad, die sich – sobald sie ins Waschbecken oder die Badewanne gepfötelt wurden – so gut „jagen und erlegen" lassen.

NICHTS UNMÖGLICHES VERLANGEN

Wahren Sie bitte empfindliche Gegenstände, an denen Sie sehr hängen, für die Katzenjugend unzugänglich auf – ohne Wenn und Aber. Das Katzenkind, das in seiner Jugend nicht irgendetwas zerstört oder zumindest stark beschädigt, dürfte so selten sein wie ein Sechser im Lotto. Denken Sie immer daran: das Tier tut so etwas niemals, um Sie zu ärgern. Es hat kein Konzept von materiellen oder ideellen Werten. Aber auf keinen Fall sollten Sie Tränen über solch einen Unfall vergießen müssen, erheblichen finanziellen Schaden erleiden oder Gefahr laufen, Groll gegenüber Ihren Katzenkindern zu hegen. Also: kostbare Kristallgläser vom offenen Regal nehmen und Vasen katzensicher einschließen, darauf achten, dass ein echtes Ölgemälde hoch genug hängt, um nicht mit einer Kratzfläche verwechselt zu werden, und die Tischplatte des edlen Erbstücks in hochglanzpoliertem Mahagoni lieber zähneknirschend mit mehreren dicken, festgespannten Tischdecken schützen, als dicke Kratzer zu riskieren…

Info

GRUNDLAGEN EINER ERFOLGREICHEN KATZENERZIEHUNG:

- Klare Regeln von Anfang an
- Strafen vermeiden
- Möglichst viel belohnen
- Alternativen für selbstbelohnendes Verhalten bieten

GRUNDLAGEN DER KATZENERZIEHUNG

STRAFEN VERMEIDEN

Die Instrumente, derer wir uns in der Erziehung unserer Kinder und Haustiere am häufigsten bedienen, sind die Belohnung (positive Verstärkung) und die Bestrafung. Die gängigsten Belohnungen für Katzen sind verbales Lob, Streicheln und Leckerchen, aber auch Anlächeln und – von uns überhaupt nicht beabsichtigt – für manch hartnäckiges Katzentier auch negative Beachtung wie Schimpfen oder ein Hinrennen zum Ort des Geschehens mit dem Ausruf: „Was hast du denn jetzt schon wieder angestellt?!" Gerade wenn sie ein robusteres Gemüt hat, freut die Katze sich dann einfach, dass mal wieder richtig „Action" in der Bude ist.

STRAFEN SIND PROBLEMATISCH

Auf die Bestrafung von Katzen möchte ich als Erstes eingehen, da sie ein gewaltiges Potenzial für schlimme Fehler birgt, die das Vertrauen Ihrer Kätzchen in Sie und das Leben nachhaltig schädigen und sogar für immer zerstören kann. Leider werden immer noch dubiose Erziehungsmaßnahmen wie „einfach mal richtig kräftig Anschreien, damit er das endlich begreift" oder „Anspritzen mit der Blumenspritze oder Wasserpistole" empfohlen, und auch schlimme körperliche Übergriffe wie Prügeln oder die Nase in Ausscheidungen stoßen (bei Unsauberkeit) werden gelegentlich noch propagiert. Doch damit die Katze eine Strafe oder Belohnung tatsächlich mit der unerwünschten Handlung in Verbindung bringt, muss diese innerhalb von ein, spätestens zwei Sekunden nach dem „Fehlverhalten" erfolgen. An diesem Zeitraum ist nicht zu rütteln; er ist durch zahlreiche Untersuchungen belegt. Eine spätere Maßnahme wird folglich mit dem in Verbindung gebracht, was die Katze gerade in diesem Moment tut. Sind Sie so schnell zur Stelle, wenn Ihre Katze etwas Unerlaubtes tut? In den meisten Fällen dürfte das nicht der Fall sein. Ein häufig vorgebrachtes Gegenargument ist: „Aber meine Katze weiß genau, dass sie etwas ausgefressen hat. Sie rennt immer schon weg, weil sie ein schlechtes Gewissen hat!" Tatsächlich läuft die Katze weg, weil Sie mit Ihrer Körperhaltung, Ihrem Gesichtsausdruck und sicher auch durch Ihren Geruch (Ausdünstung von Stresshormonen) ganz klar ausdrücken: „Ich bin gerade ganz übel gelaunt!"

Betrachten wir einmal das so oft als Universallösung gepriesene Spritzen mit einem Wasserstrahl: Sobald Sie mit einer Wasserpistole oder Blumenspritze herumlaufen, um zuverlässig Ihre Kätzchen von der Arbeitsplatte verjagen zu können, verändert sich Ihre Körpersprache unbewusst, da Sie eine gewisse Erwartungshaltung haben („Macht ihr das ruhig noch mal. Ihr werdet schon sehen, was ihr davon habt!"). So gesehen mag die Methode erst mal funktionieren – die Katzen sind misstrauisch. Aber wollen Sie künftig nur noch mit einer Wasserspritze in der Hand Ihre Küche betreten? Wohl kaum! Und wie gesagt, Katzen sind hervorragende Beobachter: Sobald Sie sie einige Male nass gespritzt haben, haben sie verstanden, dass der Wasserstrahl aus Ihrer Richtung kommt. Dann werden sie die Strafe mit Ihrer Anwesenheit statt mit dem unerwünschten Verhalten in Verbindung bringen.

ERZIEHUNG – AUCH FÜR JUNGE SAMTPFÖTCHEN

Das zweite Problem ist die Wahl des richtigen Strafmaßes: Manche Katzen stecken so eine Dusche ganz gelassen weg, aber andere haben große Angst vor Wasser oder dem Zischlaut der Wasserspritze. Möchten Sie erreichen, dass sie schon beim Anblick der Blumenspritze in Ihrer Hand große „Angstaugen" bekommen und sich fluchtbereit wegducken? Ganz sicher nicht!

Sobald ein Lebewesen große Angst hat, sind übrigens automatisch alle Lernprozesse blockiert, da sich der ganze Organismus in Sekundenbruchteilen auf Flucht oder Kampf einstellt. Vor diesem Hintergrund versteht es sich wohl von selbst, dass jede Form körperlicher Gewalt nicht zum Ziel führt, sondern stattdessen Vertrauen zerstört. Abgespeichert wird mittelfristig nur eine einzige, aus Sicht des nicht nachvollziehbar bestraften Tieres lebenswichtige Information: „Du, Mensch, bist gefährlich und unberechenbar. Künftig gehe ich dir lieber konsequent aus dem Weg!"

BITTE IN KATZENSPRACHE!

Sie können Ihren Katzenkindern aber Ihr Veto vermitteln, indem Sie sie in Katzensprache maßregeln, zum Beispiel, wenn ein ungebetener Gast auf Ihrem Esstisch oder der Arbeitsfläche Ihrer Küche auftaucht: Pusten Sie dem Kätzchen sofort kurz ins Gesicht oder tippen sie ihm nachdrücklich mit der Fingerspitze auf den Nasenrücken, wobei Sie energisch „Nein!" sagen. Setzen Sie es anschließend sofort auf den Boden der Tatsachen. Möglicherweise müssen Sie dieses Manöver mehrmals wiederholen, bis der potenzielle Mitesser die Lektion gelernt hat, aber konsequent angewendet, wird künftig ein scharfes „Nein!" reichen, um ihn zu vertreiben. Das Pusten simuliert beim Fauchen ausgestoßene Luft, während ein Nasenstüber mit der Pfote von normal sozialisierten Katzen als „Stopp! Es reicht jetzt!" verstanden wird. Katzenmütter signalisieren so ihren Kitten, dass sie ihre Ruhe haben wollen.

MENSCHEN tun sich schwer damit, für ihre Katzen das für eine Situation angemessene „Strafmaß" zu finden.

IST DAS VERTRAUEN einmal zerstört, hilft auch Spielzeug nicht mehr.

FÜR VIELE KATZEN SIND STREICHELEINHEITEN von ihrer Bezugsperson die schönste Belohnung.

MÖGLICHST VIEL BELOHNEN

Mit Belohnungen erreichen Sie Ihre Katzenkinder wesentlich effektiver als mit Strafen. Überdies stärken Erfolgserlebnisse auch ihr Selbstvertrauen und die Bindung zu Ihnen. Belohnen heißt nicht, dass Sie nun ständig mit Futter in der Tasche herumlaufen müssen. Tatsächlich freuen Ihre Samtpfoten sich auch über verbales Lob, Streicheln und Schmusen oder eine kleine Spielsession. Ihre Körpersprache verrät, ob die Belohnung ankommt: Ohren und Schnurrhaare sind bei aufmerksamem Gesichtsausdruck nach vorne gestellt. Einige Katzen fächern die Haare an der Schwanzwurzel bei freudiger Erregung ein wenig auf oder wölben den Rücken (als Vorstufe eines kleinen Hüpfers, um Köpfchen zu geben und sich an ihrem Menschen zu reiben). Manche haben auch einen besonderen Laut, um Freude auszudrücken, beispielsweise ein Gurren oder ein kurzes „Mrrrrrh!", ebenfalls oft in Verbindung mit Köpfchengeben. Lob ist immer dann angebracht, wenn Ihre Katzenkinder ihre Kratzbäume und -bretter benutzen oder ein neues Katzenklo annehmen. Streicheln und schmusen bieten sich an, um ihnen die für sie vorgesehenen Sitz- und Liegeflächen interessant zu machen: An diesen Orten geschieht Gutes! Und um noch mal das Beispiel von Esstisch und Arbeitsplatte zu bemühen: Belohnen Sie Ihre Katzen zwischendurch mal mit einem Leckerli, das Sie ihnen genau dann geben, wenn sie es sich gerade für eine Weile auf einem Küchenstuhl oder der Fensterbank bequem gemacht haben, obwohl Sie gerade eine Mahlzeit für sich zubereiten oder verzehren. Dann lernen sie nämlich ganz nebenher, dass braves Verhalten sich lohnt. Ein Katzenkind, das gerade zu Ihnen kommt, sollte stets freundlich von Ihnen begrüßt werden. Rufen Sie Ihre Kätzchen ruhig öfters ohne besonderen Anlass mit ihren Namen zu sich, nachdem Sie sich mit ein paar Lieblingsleckereien Ihrer Samtpfoten eingedeckt haben. Überschwängliches Lob, Schmusen und Leckerlis sorgen dafür, dass Ihre Kleinen bald recht zuverlässig angetrabt kommen werden, weil es sich immer für sie lohnt. Das kann sehr wichtig sein, falls Ihre Tiere später Freigang erhalten sollen. Besonders zu den Fütterungszeiten können Sie damit rechnen, dass Ihre Katzen nach Ausflügen recht zuverlässig auf der Bildfläche erscheinen, wenn Sie sie rufen.

ALTERNATIVEN FÜR SELBSTBELOHNENDES VERHALTEN BIETEN

Sie werden auch Situationen erleben, in denen Ihre Katzenkinder hartnäckig an unerwünschten Verhaltensweisen festhalten, obwohl Sie diese immer wieder mit einem scharfen „Nein!" ahnden. In solchen Fällen sind Sie höchstwahrscheinlich mit einem selbstbelohnenden Verhalten konfrontiert, das heißt, die Handlung selbst ist schon die Belohnung, zum Beispiel ein gutes Gefühl an den Pfötchen, wenn die Raufasertapete bearbeitet wird, und so ein spannendes Knistern beim Kratzen! Auch ist das Ergebnis des Markierens viel eindrucksvoller sichtbar, als wenn der Sisalstamm des Kratzbaums bearbeitet wird. Insbesondere Jagdverhalten ist grundsätzlich selbstbelohnend, aber manche Katzen haben sehr eigenwillige Vorstellungen von einer idealen Beute: Sie flippen beim Anblick bestimmter Gegenstände schlichtweg aus: Sehr beliebt sind beispielsweise Kräuselband (Geschenkband) und Haargummis. Für solche Objekte der Begierde lassen Fetischisten unter den Feliden jedes andere Katzenspielzeug stehen und liegen. Sind sie erst mal im Jagdfieber, stoßen Einwände der menschlichen Besitzer dieser Objekte zuverlässig auf taube Ohren. Selbstbelohnendes Verhalten wird am besten in geordnete Bahnen gelenkt, indem Sie ein attraktiveres Angebot machen, dessen Nutzung obendrein auch noch gelobt und belohnt wird: Kratzmöbel aus Pappe, senkrecht an der Wand befestigt, können eine Alternative zum Tapetenkratzen bieten. Bei gefährlichen Spielzeugen wie Kräuselband und Haargummis können Sie Papierluftschlangen und größeres (nicht verschluckbares) Katzenspielzeug aus Gummi besorgen (viele Katzen finden den Gummigeruch unwiderstehlich). Vielleicht müssen Sie einiges durchprobieren, aber mit etwas Geduld werden Sie eine Alternative finden.

Die Meisterklasse: CLICKERTRAINING

Eine besondere Freude können Sie sich selbst und Ihren Katzenkindern machen, indem Sie anfangen, nützliche Dinge wie das freiwillige Betreten des Katzentransporter und den stressfreien mehrminütigen Aufenthalt darin mit ihnen zu üben. Auch kleine Kunststücke lassen sich durchaus einstudieren. Besonders geeignet hierfür ist das sogenannte Clickertraining. Hierbei wird ein kurzer Laut – üblicherweise ein Klicken – mit der Gabe einer besonders attraktiven Belohnung verknüpft, die anfangs direkt beim Erklingen des Klickgeräuschs gereicht wird. Für die meisten Katzen ist die wirksamste Belohnung ein Leckerbissen. Probieren Sie in Ruhe aus, welche für Katzen geeignete Leckerei den größten Erfolg verspricht. Sobald die Katze einmal zuverlässig verstanden hat, dass das verwendete Geräusch eine Belohnung ankündigt, ist der Weg für das weitere Training geebnet: Erwünschte Handlungen werden durch einen Klick kenntlich gemacht, auf den die Belohnung folgt, unerwünschte bleiben einfach ohne Konsequenzen. Ähnlich wie bei dem beliebten Kinderspiel „Topfschlagen" tastet sich die Katze im Laufe täglicher, kurzer Übungseinheiten an das gewünschte Ziel heran.

Das Clickertraining ist eine große Bereicherung für jede Katze und kann auch schon mit drei oder vier Monate jungen Kätzchen begonnen werden, sofern Sie die täglichen Trainingseinheiten kurz halten und einfache Übungen wählen, wie beispielsweise einige Sekunden einem Target zu folgen. (Target = englisch „Ziel": beim Clickertraining in der Regel ein Stab, den die Katze mit der Nase berühren soll. Sie folgt dem vom Menschen geführten Stab, um schließlich für den Nasenkontakt mit der Stabspitze belohnt zu werden.)

Diese Form des Trainings verlangt allerdings auch Ihnen etwas ab: nämlich genaues Beobachten Ihrer Schüler, gutes Timing beim Klicken und Belohnen, Kreativität und Einfühlungsvermögen bei der Gestaltung der Übungen sowie Freude am gemeinsamen Lernen, ohne Druck auszuüben oder den Ehrgeiz zu entwickeln, den Katzen innerhalb kürzester Zeit zirkusreife Kunststücke abzuverlangen. Wenn Ihre Katzen Gefallen an dieser Art der Beschäftigung finden, haben Sie überdies die moralische Verpflichtung, regelmäßig mit ihnen zu „clickern", denn viele Katzen fordern es nachdrücklich ein und sind wirklich enttäuscht, wenn ihr Zweibeiner nicht dazu zu bewegen ist. Literaturempfehlungen zum Clickertraining finden Sie in der Rubrik „Zum Weiterlesen".

CLICKERTRAINING

BASICS

[a]

[b]

[a] MIT CLICKER UND LECKEREIEN lassen Katzen sich effektiv erziehen.

[b] HIERZU MUSS DIE MIEZE eine Verknüpfung zwischen Klickgeräusch und Leckerli herstellen. Wichtig: Dazwischen sollte nicht mehr als eine Sekunde liegen!

[c] ÜBEN Sie einmal täglich mit Ihren Kätzchen. Eine Trainingseinheit sollte nur 40 oder 50 Sekunden dauern, nicht länger.

[d] JETZT KOMMT DER TARGETSTAB ins Spiel. Belohnen Sie anfangs jede Beachtung des Stabs, auch Blicke oder Schnuppern in seine Richtung!

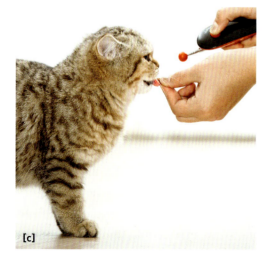

[c]

[d]

[e]

[f]

[e] EINE BERÜHRUNG MIT DER PFOTE ist okay, sollte jedoch nur einmal belohnt werden, denn das eigentliche Ziel ist die Kugel.

[f] SOBALD DIE ÜBUNG so gelingt wie hier, wird nur noch der Nasenkontakt belohnt.

[g] PER TARGETSTAB können Sie Ihr Kitten im wahrsten Sinne des Wortes an andere Übungen heranführen.

[h] AM ZIEL gibt es wieder Nasenkontakt mit dem Targetstab, Klick und Leckerli.

[i] FÜR FORTGESCHRITTENE: Per Targetstab geht's ab in die Transportbox.

[g]

[h]

[i]

ERZIEHUNG – AUCH FÜR JUNGE SAMTPFÖTCHEN

Die Katzen-
PUBERTÄT

OFT KÜNDIGT SICH das spätere Harnmarkieren durch sogenanntes Trockenmarkieren an.

Um den siebten Lebensmonat herum kommen Katzenkinder in die etwa drei Monate dauernde Pubertät, und die kann sich durchaus mit den gleichen Verhaltensweisen bemerkbar machen, wie sie es bei Menschenkindern tut. Plötzlich werden längst etablierte und gelernte Regeln wieder ignoriert – Ihre Jungkatzen testen aus, ob man nicht doch die gelernten Gebote erfolgreich unterwandern kann. Vielfach wirken die Tiere auf ihre Halter launisch und unruhig. Insbesondere selbstbewusste, bislang noch nicht kastrierte Kater werden gelegentlich ziemlich aggressiv, sei es anderen Vierbeinern des Haushalts oder auch ihren Menschen gegenüber.

Jetzt ist definitiv der Zeitpunkt gekommen, um noch unkastrierte Katzenkinder kastrieren zu lassen, damit sich unerwünschte Verhaltensweisen nicht verfestigen und sie gar nicht erst mit dem Urinmarkieren anfangen. Zwar markieren in erster Linie Kater, aber es gibt auch Kätzinnen, die dies tun. Das Markieren ist übrigens keine Verhaltensstörung, sondern eine normale Kommunikationsform erwachsener Katzen. Wenn Sie Ihre Miezen kastrieren lassen, bevor dieses Verhalten erstmals auftritt, haben Sie gute Chancen, dass sie es künftig auch nicht

DIE KATZENPUPERTÄT

zeigen werden. Sollte das Harnmarkieren jedoch schon mehrfach aufgetreten sein, bevor die Kastration vorgenommen wird, kann es in Einzelfällen als Gewohnheit auch von Kastraten beibehalten werden. In diesem Fall sollten Sie sich schnell professionelle Hilfe holen, denn je länger das Verhalten anhält, desto stärker verfestigt es sich. Beobachten Sie Ihre Katzen also bitte während der Pubertät besonders aufmerksam und vereinbaren Sie lieber etwas zu früh als zu spät einen Termin für den Eingriff.

DIE WELT VOR DER HAUSTÜR

Man kann gar nicht oft genug betonen, dass aus Tierschutzgründen nur kastrierten Katzen der Freigang gewährt werden sollte. Abgesehen davon, dass unerwünschter Nachwuchs ausbleibt und Sie so helfen, Katzenelend zu verhindern, verhalten kastrierte Katzen sich im Verhältnis zu ihren fortpflanzungsfähigen Artgenossen umsichtiger. Jahr für Jahr sterben Tausende von Katzen auf deutschen Straßen. Tiere, die ihrem natürlichen Sexualtrieb folgen – insbesondere Kater –, werden am häufigsten Opfer des Straßenverkehrs. Man sollte meinen, dass so etwas Großes, Lautes und Stinkendes wie eine sechsspurige Autobahn auf ein kleines Tier wie die Katze, die ja auch selbst potenzielle Beute ist, höchst abschreckend wirkt. Leider ist das nicht immer der Fall!
Wenn Sie Ihre Wohngegend für sicher genug halten und andere erfahrene Katzenhalter in Ihrer Nachbarschaft diese Einschätzung bestätigen, können Sie

Ihren Katzen die Freiheit außerhalb der heimischen vier Wände gönnen. Das Risiko des Überfahrenwerdens ist angesichts der dichten Besiedelung in den meisten Gegenden Deutschlands leider immer präsent und Rassekatzen werden gelegentlich gestohlen. Daher sollten Sie sich gut überlegen, ob Ihr Nervenkostüm

FREIGANG bietet unseren Samtpfoten Abwechslung, birgt aber leider auch Gefahren.

ERZIEHUNG – AUCH FÜR JUNGE SAMTPFÖTCHEN

es aushält, wenn Ihre vierpfotigen Lieben einmal nicht zu den gewohnten Futterzeiten nach Hause kommen oder sogar über Nacht verschwunden sind. Katzen, die Abwechslung und Jagdabenteuer im Freien zu schätzen gelernt haben, werden überdies immer wieder nach draußen drängen, was im Fall einer Krankheit (Ihrer oder der Katze) sehr anstrengend werden kann. Nur ganz wenige Exemplare können der „großen weiten Welt" wenig abgewinnen und bleiben freiwillig im Haus beziehungsweise zuverlässig in dessen unmittelbarer Nähe. Freuen Sie sich, wenn Ihre Katzen eher häuslich veranlagt sind. Es gibt heutzutage zahlreiche Möglichkeiten, Stubentigern ein erfülltes Leben in vier Wänden zu bieten.

ALTERNATIVEN ZUM FREIGANG

Eine eingenetzte Terrasse oder ein Katzengehege im Garten sind eine gute Alternative zum Freigang. Leider sind die in der Regel individuell zu konstruierenden, wirklich ausbruchssicheren Lösungen ein echter Luxus, der ziemlich schnell mit vierstelligen Ausgaben zu Buche schlägt. Andererseits kann die Tierarztbehandlung einer verunglückten Katze mit einer oder gar mehreren Operationen und Nachbehandlung ebenfalls sehr schnell über eintausend Euro kosten. Hier gilt es also abzuwägen, mit welcher Variante Sie sich langfristig am besten arrangieren können.

EIN FREIGEHEGE ist eine gute Alternative zum Freigang. So eine individuelle Lösung ausbruchsicher zu gestalten, erfordert jedoch handwerkliches Geschick.

DIE GESICHTER dieser beiden entsprechen schon nicht mehr dem für Kitten typischen Kindchenschema.

UND SCHON SIND SIE ERWACHSEN ...

Wie auch immer sich das Zusammenleben mit Ihren Katzen gestaltet: wenn diese das erste Lebensjahr vollendet haben, ist ihr Charakter weitgehend geformt und Sie haben zwar junge, aber fast erwachsene Katzen um sich. Natürlich gibt es – wie bei allen Lebewesen – individuelle Unterschiede. Bei den Rassekatzen spielen auch das angezüchtete Temperament sowie das langsamere Wachstum großer Rassen eine Rolle. Manch eine Katze wirkt bis zum fünften oder sechsten Lebensjahr durch ihre Verspieltheit und ihr Temperament noch sehr jugendlich (häufig bei Orientalen), während ruhigere Tiere generell „reifer" und „gesetzter" wirken (beispielsweise Perser und Britisch-Kurzhaar-Katzen). Ausnahmen bestätigen die Regel.

Aber lassen Sie sich nicht von diesen Eindrücken beirren: Für alle Katzen gilt, dass sie ihr Leben lang lernen, auch wenn sie mit zwölf Monaten keine Katzenkinder mehr sind. Je enger die Bindung zwischen Ihnen und Ihren Samtpfoten ist, desto eher werden Sie immer wieder neue, teilweise ganz erstaunliche Verhaltensweisen an ihnen entdecken – hoffentlich vor allem solche, die Ihnen Freude bereiten sowie Ihnen die Intelligenz und die Individualität Ihrer vierbeinigen Freunde immer wieder bewusst machen. Ich wünsche Ihnen von ganzem Herzen eine schöne und gesunde, hoffentlich lange gemeinsame Zeit mit Ihren Katzenpersönlichkeiten!

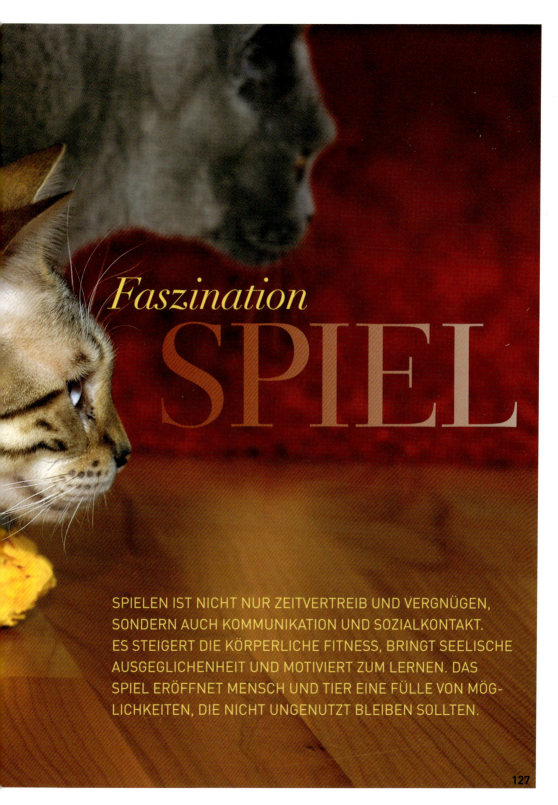

Faszination SPIEL

SPIELEN IST NICHT NUR ZEITVERTREIB UND VERGNÜGEN, SONDERN AUCH KOMMUNIKATION UND SOZIALKONTAKT. ES STEIGERT DIE KÖRPERLICHE FITNESS, BRINGT SEELISCHE AUSGEGLICHENHEIT UND MOTIVIERT ZUM LERNEN. DAS SPIEL ERÖFFNET MENSCH UND TIER EINE FÜLLE VON MÖGLICHKEITEN, DIE NICHT UNGENUTZT BLEIBEN SOLLTEN.

FASZINATION SPIEL

SPIELEN –
eine ernste Angelegenheit

In der Wissenschaft wird Spielen als Verhalten ohne ernsthaften Realitätsbezug bezeichnet. Dennoch hat das Spiel eine große Bedeutung für heranwachsende, aber auch erwachsene Tiere. Es dient dem Sammeln von Erfahrungswerten, setzt Lernvermögen voraus und ist in der Regel auf Jungtiere höher entwickelter Säugetiere sowie Vögel begrenzt. Aber nicht nur Delfine, Wale, Primaten und Nager haben ein Leben lang Interesse am Spiel, sondern auch Raubtiere wie unsere Katzen. Neugierig und offen stehen unsere vierbeinigen Gefährtinnen der Umwelt und ihren Anforderungen gegenüber – nicht nur in ihrer Welpenzeit, sie lassen sich auch im Erwachsenen- oder Seniorenalter zu Spielereien animieren. Gespielt wird mit Hingabe: allein oder gemeinsam mit Artgenossen. Der bevorzugte Spielpartner ist jedoch meistens die Bezugsperson.

FORSCHERDRANG Was gibt es Schöneres als spielerisch mit den Geschwistern die Umwelt zu erkunden?

ERSCHÖPFT Spielen macht müde und die Kätzchen müssen ab und zu Pause machen.

GEHEIME MISSION Auch Verstecken, Erkunden und Beobachten will gelernt sein.

FIT FÜRS LEBEN

Sie balgen sich, stürmen durch das Haus und verfolgen einander über Sessel und Betten, schlagen Haken wie Hasen, bäumen sich auf, um sich auf den Spielpartner zu stürzen. So sieht ein Spiel von Kätzchen aus: übertrieben und packend. Spielverhalten wird oft sehr überzogen gezeigt – im Gegensatz zum Verhalten im Ernstfall –, die Bewegungsabläufe werden mit größerem Kraftaufwand, größerer Geschwindigkeit und in häufigeren Wiederholungen ausgeführt. Die Bereitschaft zum Spiel wird durch mimische und gestische Signale ausgedrückt, damit ein spielerischer Angriff nicht als aggressive Attacke missverstanden wird und keine ernsthafte Konfrontation nach sich zieht.

Kennzeichnend für spielerische Aktivitäten ist, dass sie in entspannter Atmosphäre und spontan auftreten. Nur in ihrer vertrauten Umgebung und wenn sich die Katze wohlfühlt, macht ihr das Spielen Spaß. Tiere, die unter Stress stehen, Angst haben oder krank sind, spielen weniger beziehungsweise hören damit auf.

RAUFEN UND TOBEN

Kleine Katzengeschwister raufen und toben unermüdlich. Vor allem Handlungsabläufe aus verschiedenen Verhaltensbereichen, wie zum Beispiel aus dem Bereich des Beutefangs, werden geübt, dabei wird auch das Wahrnehmungsvermögen geschult und die Reaktionsfähigkeit verbessert. Bei spielerischen Aktivitäten werden nützliche Erfahrungswerte gesammelt, neue Lösungen getestet und somit die Leistungsfähigkeit des Gehirns beansprucht. Während der Spielphasen vernetzen sich die Gehirnzellen schneller miteinander und die Lernbereitschaft des Tiers ist währenddessen am größten. Spielerisch werden Lerninhalte vermittelt, die der Katze auch im Zusammenleben mit dem Menschen von Nutzen sind. Das Spiel ist jedoch nicht nur für die Entwicklung von Kätzchen in der Wachstumsphase bedeutend, sondern spielt in jedem Lebensalter eine große Rolle. Nervenzellen von Tieren, die stetig lernen und in einer spannend gestalteten Umwelt leben, sind länger und verzweigter als im Normalfall. Diese Tiere gelten daher als aufgeweckter, neugieriger und geistig reger.

STRENGER UNTERRRICHT Die Katzenmutter ist eine gute Lehrerin. Jagdunterricht, gutes Benehmen und Sauberkeit sind Pflichtfächer für kleine Kätzchen. Mama Katze überwacht die Lernschritte liebevoll.

FRÜH ÜBT SICH...

Die ersten sozialen Spiele mit den Wurfgeschwistern beginnen ab der vierten Lebenswoche und nehmen nach der zwölften bis vierzehnten Woche wieder ab. Bei den ersten Balgereien mit den Geschwistern werden auch die Zähnchen eingesetzt und getestet. Beliebtes Spielobjekt ist auch Mama Katze, die es meist geduldig erträgt, wenn ihr Nachwuchs sie mit einem Kletterbaum verwechselt oder ihr in den Schwanz beißt. Mit ungefähr sechs Wochen ist die Bewegungskoordination so ausgeprägt, dass die kleinen Racker sich wilde Verfolgungsjagden liefern, abwechselnd Angriff und Verteidigung üben und Luftsprünge ausprobieren. Das soziale Spiel verleiht Selbstbewusstsein und lässt die Kleinen schon mal Grenzen überschreiten. Schnell gibt es jedoch Kontra von den Mitspielern oder von der Mutterkatze, wenn die Zähne zu stark eingesetzt und die samtpfotigen Umgangsformen missachtet werden.

Etwa ab der siebten und achten Woche beginnt das Spiel mit Gegenständen. Das ist der Zeitraum, wo Katzen die Bewegungsabläufe visuell koordinieren

SCHLUSS MIT LUSTIG Auch im Spiel werden schon mal fauchend die Zähne gezeigt, wenn der Spielpartner die Grenzen missachtet. Nur so lernen die Kätzchen, wie weit sie gehen dürfen und wann Schluss ist.

und kleine bewegliche Objekte erhaschen können. Gespielt wird mit allem, was den Kätzchen in die Pfoten fällt und ihr Interesse weckt: Bewegt es sich, raschelt oder quietscht es? Oder duftet es besonders verführerisch?

SOZIALE KOMPETENZ

Spielen ist nicht nur für die soziale Entwicklung bedeutend, unsere Haustiere lernen auch Beziehungen aufzubauen und zu festigen. Spielerisch werden Erfahrungen im Umgang mit Artgenossen gesammelt und die Kontrolle der eigenen Aggression erlernt. Schnell wird begriffen, wie stark man zubeißen darf, ab wann der Spielpartner sich abwendet, mit einem Pfotenhieb oder gar einem Gegenbiss reagiert. Als Spielpartner sind auch wir Menschen gefordert! Intensive Beschäftigung im Spiel und somit positive Erfahrungen mit dem Menschen machen die Katze zu einer aufgeschlossenen und zufriedenen Kameradin. Für den Zweibeiner ist das Spiel eine gute Möglichkeit, das Vertrauen seines Vierbeiners zu gewinnen und mit Zuneigung in der Mensch-Tier-Beziehung zu punkten. Katzenhalter, die täglich spielen, haben auch weniger Verhaltensprobleme zu beklagen.

FASZINATION SPIEL

SPIELEN ALS STRATEGIE

Erwachsene Tiere setzen das Spiel als Strategie ein, um Konflikte auszutragen, und bauen dadurch aufgestauten Stress ab. Die Rollen von Angreifer und Verfolgtem wechseln sich ab, keiner wird zum Sieger oder Verlierer. Das Spiel dient auch als Trick, um von ernsthaften Absichten abzulenken. In spielerischen Handlungen zwischen Mensch und Tier wird das Spiel auch zum Austesten von Grenzen genutzt. Der Vierbeiner testet, inwieweit er die Regeln verändern beziehungsweise brechen kann, um diese neue Erkenntnis auch im Alltag mit dem Menschen anzuwenden. Bereits Albert Einstein sagte: „Das Spiel ist die höchste Form der Forschung."

IN SPIELLAUNE Mit einem gezielten Griff versucht Willow die Maus zu fassen.

ZEIG MAL DEINS! Das Spielobjekt des Katzenkumpels ist meistens interessanter als das eigene.

FIT FÜRS LEBEN

HOL DIE MAUS Die Jagd auf die Spielbeute verlangt vollen Einsatz und gezielte Hiebe.

COACHING FÜR STUBENTIGER

Verstecken, Anschleichen, Springen und die Beute stellen – das sind die Lieblingsaktivitäten eines geborenen Jägers und somit die Ansprüche, die Katzen an Spiele stellen. Tiere in freier Wildbahn sind durch die Umwelt täglich mit neuen Herausforderungen konfrontiert. Sie müssen sich auf ständig wechselnde Situationen einstellen und erarbeitete Erfahrungswerte sofort abrufbereit haben. Da dieses Gehirntraining den im Haus lebenden Katzen verwehrt bleibt, erlangt das tägliche Spiel des Menschen mit seiner Katze eine große Bedeutung. Das perfekte Katzenspielzeug sollte die Sinne ansprechen, die bei der Jagd eingesetzt werden, wie den Seh-, Hör- und Tastsinn. Katzen favorisieren bewegte Spielobjekte oder solche, die von Frauchen oder Herrchen zum Leben erweckt werden.

Info

WELCHEN ZWECK SPIELEN ERFÜLLT

- Es trainiert die körperlichen Fertigkeiten,

- schult das Wahrnehmungs- und Reaktionsvermögen,

- erhöht das Verhaltensrepertoire,

- trägt zur Aggressionsminderung und zur Kontrolle der eigenen Aggression bei (Kontrolle der Beißintensität und Erlernen der Beißhemmung),

- unterstützt die Bildung sowie Aufrechterhaltung sozialer Organisationen und Bindungen (Sozialisationsprozess),

- ermöglicht eine stabile soziale Rangordnung und die Entwicklung sozialer Rollen,

- kann bei erwachsenen Tieren als Strategie zum Austragen von Konflikten eingesetzt werden,

- fördert die Kenntnis der Umwelt,

- vertreibt Langeweile und bedeutet Lustgewinn,

- baut angestaute Energie ab,

- dient zum Ausloten von Grenzen,

- intensiviert nicht nur Bindungen zwischen Artgenossen, sondern auch die Mensch-Tier-Beziehung.

FASZINATION SPIEL

SPIELEN IST JAGEN

Nicht nur Freilaufkatzen lieben die Jagd, auch unsere Wohnungskatzen verwandeln sich vom verschmusten Stubentiger sekundenschnell in ein Raubtier, wenn sie die erste Pfote in Freiheit setzen. Katzen sind Schleichjäger, die sich ihrer Beute möglichst in Deckung nähern, um sie dann auf kurze Entfernung anzugreifen. Akustische Signale wie kratzende, raschelnde oder quietschende Töne animieren meistens zur Beutesuche. Das Beutefangverhalten selbst wird durch schnell bewegte Objekte ausgelöst. Bis zu sechs Stunden täglich verbringen Freilaufkatzen mit der Jagd, während Wohnungskatzen weniger als eine Stunde pro Tag spielen. Unsere Stubentiger sind gezwungen, ihren Jagdtrieb in der Wohnung auszuleben. Dementsprechend ist Spieltraining als Jagdersatz die beste Möglichkeit, körperliche und geistige Fitness zu erhalten und überschüssige Energie abzubauen. Daher kommt auch dem Spiel zwischen Mensch und Tier eine bedeutende Rolle zu.

FLIEGENDER WECHSEL

Bereits mit fünf Wochen trainieren die Kätzchen spielerisch Bewegungen, die sie später zu ausgezeichneten Jägern machen werden. Viele Beutefanghandlungen sind auch in den spielerischen Aktivitäten unserer Wohnungskatze zu erkennen. Mäusesprung, Fischangeln und Vogelhaschen sind im täglichen Katzenspiel um Fellmäuschen, Bälle und Co. zu beobachten.

MÄUSESPRUNG

Mit den Hinterbeinen steht die Katze fest auf dem Boden, der Vorderkörper richtet sich auf, dreht sich leicht beiseite und mit gestreckten Vorderpfoten wird auf die Beute gesprungen. Auffallend dabei ist, dass die Katze nicht in die Höhe springt, sondern von oben herab.

Info

JAGD AUCH OHNE HUNGER

Jagen ist eine Verhaltensweise, die unabhängig vom Hungergefühl gezeigt wird. Es gibt keine Beweise dafür, dass eine hungrige Katze mehr Mäuse fängt als ein sattes Tier. Auch Katzen, die optimal von ihrem Halter ernährt werden, werden durch visuelle und akustische Reize zur Jagd motiviert. Da jedoch Auflauern, Anpirschen und Beuteschlagen viel Energie fordert, ist anzunehmen, dass vom Hunger geschwächte Tiere bei der Jagd schlechtere Karten haben als Jäger in Höchstform.

AUF DER LAUER Paola beobachtet gespannt, wie Frauchen die Spielmaus gekonnt an der Angel zappeln lässt. Gleich wird zum Angriff geblasen: Sie ist konzentriert und setzt schon zum Sprung an.

FISCHANGELN

Um einen Fisch an Land zu ziehen, ist nicht nur Geduld und Ausdauer notwendig, sondern auch einiges an Geschick und Kraft. Erstmal muss die erfahrene Jägerin geduldig am Ufer lauern, bis ein Fisch an der Wasseroberfläche erscheint. Mit ausgefahrenen Krallen und einem gezielten Schlag wird die Beute an Land geworfen, fast wie Bären dies beim jährlichen Lachsfang tun. Nun gilt es, den Fisch in Sicherheit zu bringen.

VOGELHASCHEN

Wenn Sie beim Spiel mit Ihrem Stubentiger öfter eine Spielangel einsetzen, kennen Sie diese Bewegungen sicher. Die Katze versucht zunächst sitzend mit der Vorderpfote und ausgefahrenen Krallen nach der Beute zu fassen, die über ihr an der Angel schaukelt. Kann sie das Objekt der Begierde nicht greifen, richtet sie sich auf und versucht, es mit beiden Pfoten zu fangen, danach folgt der Sprung aus dem Stand in die Höhe.

FASZINATION SPIEL

SPIELREGELN VON A–Z

ABLAUF
Bestimmen Sie Anfang und Ende des Spiels. Somit werden die Spielzeiten mit Ihnen zu einem besonderen Highlight im Tagesprogramm Ihres Stubentigers. Nach dem gemeinschaftlichen Spiel zwischen Mensch und Tier räumen Sie die Spielsachen bis zum nächsten Spielevent weg. Denn Spielobjekte, die ständig zur Verfügung stehen, verlieren ihren Reiz für die Katze.

LOS, SPIEL MIT MIR! Endlich ist es soweit! Mein Mensch macht sich bereit, um mit mir zu spielen.

AUSWAHL
Stimmen Sie spielerische Aktivitäten auf die Bedürfnisse und Vorlieben Ihrer Katze ab. Eine Freilaufkatze, die ihren Bewegungsdrang in freier Natur ausleben und ihrem Jagdtrieb ungehindert nachgehen kann, hat an wilden Bewegungsspielen weniger Freude. Junge Kätzchen spielen anders als ältere Tiere, die bereits gesundheitliche Probleme zeigen. Katzen, die ohne Artgenossen leben, zeigen eine verstärkte Spielanforderung an den Menschen.

BEREITSCHAFT
Beenden Sie das Spiel rechtzeitig, bevor Ihre Samtpfote den Spaß daran verliert. Katzen zeigen deutlich, ob sie Interesse an einem Spiel haben oder nicht.

BEUTE
Orientieren Sie sich bei der Auswahl der Spielobjekte an der Größe natürlicher Beutetiere. Das Beutespektrum der Katze umfasst Nagetiere wie Wühl- oder Feldmäuse, kleine Reptilien und kleine Vögel sowie Insekten. Spielsachen, die wesentlich größer sind als mögliche Beutetiere, werden oft ignoriert.

DAUER
Spielen Sie täglich mit Ihrer Katze! Der empfohlene Zeitaufwand für das Spiel mit Ihrer Wohnungskatze beträgt etwa eine Stunde. Diese Zeitspanne sollte, je nach Aktivitätsrhythmus des Tieres, in kurze Zeiteinheiten von einigen bis zu 15 Minuten aufgeteilt werden. Lässt die Spiellaune zu wünschen übrig, können Sie das Spiel verkürzen, steigt die Motivation, kann auch etwas länger gespielt werden.

SPIELREGELN VON A–Z

EFFEKT
Spielen hilft, angestaute Energie und Stress abzubauen. Ihre Katze findet dadurch ihre Ausgeglichenheit. Das tägliche Spiel mit Ihrem Stubentiger fördert zudem Ihre Mensch-Tier-Beziehung.

ERFOLG
Spielen soll Freude machen und Lustgewinn bringen. Beenden Sie daher jede spielerische Tätigkeit mit einem Erfolgserlebnis für Ihr Tier: also Mäuschen oder Ball erwischen lassen.

GRENZEN
Beachten Sie bitte körperliche und geistige Grenzen sowie Unterschiede zwischen den Individuen, wie Alter, Rassemerkmale, Wesen, individuelle Reife, Gesundheitszustand und Erfahrungswerte. Junge Tiere können sich, trotz allen Spieleifers, nicht so lange konzentrieren. Auch bei erwachsenen Tieren muss auf die körperliche Konstitution und Konzentrationsfähigkeit geachtet werden. Ruhepausen schützen den tierischen Spielpartner vor körperlicher und seelischer Überforderung.

AUSSER RAND UND BAND Die Noppen des Igelballs machen den Lauf des Spielobjekts unberechenbar und wecken dadurch das Jagdinteresse. Mal springt er hierhin, dann hüpft er in die Gegenrichtung.

HUNDEMÜDE Eigentlich müsste es „katzenmüde" heißen. Nach dem Spielen ist eine Erholungspause angesagt. Wohnungskatzen verbringen bis zu achtzehn Stunden pro Tag mit Dösen und Schlafen.

MOTIVATION

Spielsachen sind Motivationsobjekte. Die Auswahl der Spielobjekte beeinflusst den Verlauf und auch den Erfolg des Spiels. Bekräftigen Sie bei Lern- und Intelligenzspielen den gezeigten Übungserfolg Ihrer Katze mit Lob, Streicheleinheiten oder einem Leckerbissen. Bei Misserfolg zu schimpfen ist jedoch tabu!

PARTNER

Finden Sie Muße für das Spiel mit Ihrer Katze. Mit Artgenossen lässt es sich wild herumtoben, wenn jedoch Frauchen oder Herrchen mitspielen, ist es am schönsten.

PAUSEN

Respektieren Sie Ruhe- und Pflegezeiten Ihres Tiers. Wenn die Katze schläft, darf sie nicht für ein Spiel geweckt werden. Auch nach den Fütterungszeiten sind Herumtoben und Springen tabu, denn die Verdauung benötigt ihre Zeit.

RITUAL

Tägliche Fixpunkte, wie die Spiel- und Schmusestunde, geben Sicherheit und verstärken die Bindung zwischen Mensch und Tier.

SPIELSACHEN

Katzenspielzeug ist kein Luxus und so selbstverständlich wie Futter- und Wassernapf, Kratzbaum oder Katzentoiletten. Ideale Spielobjekte sprechen alle Sinne an: Augen, Nase, Ohren und Pfoten sowie Krallen wollen eingesetzt werden! Bei Spielsachen auf die Eignung und Ungefährlichkeit für Katzen achten.

SPIELTYPEN

Jeder Katzenhalter weiß, dass seine Katze eine Persönlichkeit mit einzigartigem Charakter ist und individuelle Stärken und Schwächen hat. Jedes Tier hat seine eigenen Vorlieben betreffend Spiel und Spaß (siehe dazu auch Spieltypen-Test Seite 140).

TABU
Bieten Sie niemals Ihre Hände oder Finger als Jagdbeute an und spielen Sie keine wilden Kampf- oder Jagdspiele, bei denen Mensch und Tier verletzt werden könnten.

TEMPO
Legen Sie Ruhepausen ein, denn junge oder ältere Tiere können sich nicht so lang auf Übungen konzentrieren. Zu heftige Spielweisen oder ungestüme Mitspieler verursachen Stress und belasten vor allem Kätzchen sowie ängstliche Tiere. Lassen Sie Spiele ruhig ausklingen, damit Ihr Stubentiger seine Energie wieder in gemäßigte Bahnen lenken kann.

UMWELT
Art des Spiels und Spieldauer müssen den klimatischen Gegebenheiten sowie der örtlichen Umgebung angepasst werden. Manche Tiere sind hitzeempfindlich. Verletzungsgefahr für Mensch und Tier im Haushalt beachten!

ZEITEN
Katzen lieben Routinen und stellen sich gern auf feste Zeiten ein. Ganz wie freilaufende Katzen sind auch unsere Wohnungskatzen in der Dämmerung und in den Abendstunden am aktivsten. Die Jagd beziehungsweise das Spiel bereitet ihr dann besonderes Vergnügen.

SCHMUSESTUNDE Bibi genießt Frauchens Zuwendung. Wenn sie genug gekuschelt hat, zeigt sie es deutlich durch ihre Mimik. Dann sollte man sie laufen lassen und sich auf die nächste Kuschelstunde freuen.

SPIELTYPEN

[a] TYP ENTDECKER UND SCHNÜFFELPROFI

Neugierig wird alles und jeder in der Wohnung untersucht und auch die Tasche von Frauchen/Herrchen bei jeder Heimkehr kontrolliert.

Das besondere Geschick von „Supernasen" sollte beim Aufspüren von Leckerli eingesetzt werden. Bieten Sie Ihrer Katze einen Snackball an oder stellen Sie ihr kleine Aufgaben, bei denen Futter als Belohnung winkt. Auch Duftspiele oder Objektspiele mit Katzenminzesäckchen finden großen Anklang.

[a]

[b] TYP RAUFBOLD UND JÄGER

Balgen mit Artgenossen, aber auch das Raufen mit Sofakissen oder Spielsachen sind besonders beliebt. Alles wird gejagt, vor allem die Füße des Menschen haben auf diese Katzen eine besondere Anziehung.

Denk- und Kombinationsspiele gemeinsam mit Bewegungsspielen schaffen hier Ausgeglichenheit. Durch die Wohnung jagen, am Kletterseil schaukeln, am Katzenbaum turnen und gemeinsame Spiele mit dem Tierhalter lenken überschüssige Energie in richtige Bahnen.

[c] TYP AKROBAT UND SPORTLER

Kein Regal ist zu hoch und kein Ball rollt zu weit. Klettern und Laufen sind eine Leidenschaft und die Energie scheint grenzenlos.

Fang- und Beutespiele sind ein Riesenspaß und fordern die Katze. Besonders bei Ballspielen sind Reaktionsfähigkeit und Schnelligkeit gefragt und es lässt sich wunderbar mit dem Menschen sowie mit Artgenossen spielen. Auch Spiele mit der Federangel stehen hoch im Kurs.

[c]

[d] TYP ALLEINUNTERHALTER

Erfindungsreich wird jeder Gegenstand zum Spielzeug und beim kleinsten Aufkommen von Langeweile wird die Wohnung auf den Kopf gestellt.

Ausreichend körperliche und geistige Beschäftigung sind hier angesagt. Laufen, Toben und Klettern machen besonderen Spaß. Auch Objekte, die in Kartons versteckst sind, aufzustöbern, gehört zu den Highlights. Gemeinsame Spiele mit der Bezugsperson sind besonders toll.

[e] TYP SOFTIE

Neues Spielzeug verunsichert, und es dauert einige Zeit, bis das Tier Vertrauen zeigt.

Sanfte Spiele mit dem Menschen und Streicheleinheiten bereiten großes Vergnügen. Bei zurückhaltenden Tieren sorgen Spiele mit anschließendem Erfolgserlebnis für mehr Selbstbewusstsein. Aber auch Versteckspiele nach dem Motto „Jeden und alles sehen, aber dabei selbst nicht gesehen werden!" bieten sich an.

[f] TYP SPIELMUFFEL

Ein normaler Ball ist zu langweilig. Spielsachen müssen rasseln oder quietschen.

Wenn der Mensch mitspielt und Spielobjekte zum Leben erweckt werden, ist auch der Spielmuffel zu motivieren. Federwedel und -angel stehen ganz oben auf der Hitliste, da der Jagdtrieb stimuliert wird. Aber auch der Snackball wird interessant, wenn ab und zu eine leckere Belohnung herausfällt.

SELBST
ist die Katze

WENN JAGDTRIEB UND SINNE DURCH DAS RICHTIGE SPIEL ANGESPROCHEN WERDEN, BESCHÄFTIGEN SICH KATZEN AUCH GERN MAL ALLEIN. JE NACH TEMPERAMENT DES TIERES GEHT ES DANN GERUHSAMER ODER WILDER ZUR SACHE. MANCHER STUBENTIGER MÖCHTE SICH NICHT NUR AUSTOBEN, SONDERN AUCH SEIN KÖPFCHEN TRAINIEREN.

LICHTEFFEKTE Wird der Würfel mit der Pfote angeschubst, beginnt er zu blinken. Jetzt entscheidet sich, ob Mieze auf Lichtreflexe reagiert und die Verfolgung aufnimmt oder ob es sie kalt lässt.

SOLOSPIELE
für Einzelgänger

Spielen vertreibt aufkommende Langeweile, bedeutet Abenteuer und hält körperlich sowie geistig fit. Gerade Wohnungskatzen, die ohne Artgenossen gehalten werden oder tagsüber allein sind, benötigen ein ausgewogenes Spiel- und Beschäftigungsprogramm. Dieses muss den Anforderungen unseres Raubtiers Katze entsprechen.

Die Lieblingsbeschäftigungen einer geborenen Jägerin, wie Erkunden, Verstecken, Anpirschen und Beutefangen, setzen den Maßstab für ein gelungenes Spiel. Das Spiel und das Spielzeug sollten die Sinne ansprechen, die bei der Jagd ausschlaggebend sind. Werden Augen, Ohren und Pfoten gefordert, erwacht auch die Jagdlust des anspruchsvollsten Stubentigers.

SOLOSPIELE FÜR EINZELGÄNGER

HER MIT DEN SPIELSACHEN!

Katzen spielen auch gern allein, besonders wenn das Spielzeug stimmt. Während der Mensch von Tierspielsachen Qualität und farbenfrohes Design erwartet, stellen Katzen andere Anforderungen: Pfotengerecht und leicht zu bewegen soll es sein, außerdem muss es das Interesse einer Jägerin wecken. Manche Katzen haben vom Kätzchenalter an ein favorisiertes Spielobjekt, andere lassen sich gern für neue Spielsachen gewinnen. Neben Fellmäusen und Bällen werden oftmals auch kleine Alltagsgegenstände aus dem menschlichen Leben zu Lieblingsspielsachen auserkoren. Jeder Katzenhalter weiß eine Geschichte zu erzählen, von Dingen im Haushalt, die zum Katzenspielzeug umfunktioniert wurden.

JETZT GEHT'S RUND

Bälle zählen in allen Variationen zu den Klassikern unter den Spielsachen und begeistern den Großteil aller Katzen. Ein leichter Pfotenhieb oder ein kleiner Schubs von Menschenhand – und der Ball setzt sich in Bewegung. Bälle gibt es in unzähligen Designs und aus den verschiedensten Materialien, wie Hartgummi, Sisal, Leder, Stoff, Plüsch, Softgummi oder Kunststoff. Im Zoofachhandel findet sich für jede Katze das passende Spielobjekt: vom einfachen Ball bis zum Luxusgeschoss, das im Dunkeln leuchtet, von allein zurückrollt oder in dessen Innerem es raschelt.

Info

BÄLLE

KATEGORIE:	Objektspiele und Bewegungsspiele
GEEIGNET FÜR:	Katzen jedes Alters
EFFEKT:	Fördert das Koordinationsvermögen, unterstützt körperliche sowie geistige Fitness und hilft überschüssige Energie abzubauen.
WICHTIG:	Bälle sollten eine bestimmte Größe haben, damit sie die Katze beim Spiel nicht versehentlich verschlucken kann: Murmeln sind zum Spielen ungeeignet und große Bälle sollten auf jeden Fall leicht sein.

LASS IHN LAUFEN

Ein Ball, der über den Boden rollt, erweckt das Interesse und animiert die Katze, der flüchtenden Beute hinterherzujagen. Besonders beliebt sind Tischtennisbälle oder ähnlich leichte Bällchen, die im Zoofachhandel speziell für Katzen angeboten werden. Die Bälle lassen sich gut mit der Pfote durch die Wohnung kicken und verfolgen. Sie verschwinden unter Regalen und Sofas und kommen gelegentlich durch den Rückprall an der Wand wieder zurück. Spannend wird es, wenn Sie mehrere Pingpongbälle aus einem Meter Höhe fallen lassen und Mieze das Jagdobjekt ihrer Begierde auswählen darf. Es kann sein, dass Ihr Stubentiger aufgrund des Überangebots irritiert ist, bevor die wilde Jagd beginnt.

EXPERTENTIPP Solche Bälle sind spitze und der ideale Spielspaß für aktive Stubentiger! Sie sind ungefährlich, günstig und man kann nie genug davon haben.

DISCOFIEBER

Neben den Klassikern unter den Bällen, wie Tischtennisball, Fell- oder Softgummiball, gibt es auch Bälle mit dem Aussehen eines Igels oder Würfels. Bei Bewegung oder Erschütterung blinken sie zweifarbig. Die Noppen des Blinkballs beziehungsweise die Kanten des Würfels sorgen für einen unregelmäßigen Lauf des Spielobjekts, dadurch ist es für die Katze ganz schön unberechenbar. Die plötzlichen Richtungswechsel und das Hakenschlagen weckt die Jagdlust bei vielen Katzen.

ENDLICH GEFANGEN Nach einer wilden Jagd durch die Wohnung hat Benco den Ball wieder fest im Griff. Bis zur nächsten Runde: Ein gezielter Pfotenhieb, der Ball schießt los und das Spiel beginnt von vorn.

HER MIT DEN SPIELSACHEN

ZAPPELT DOCH NOCH! Erschreckend für den Jäger, wenn die vermeintlich erlegte Beute plötzlich wieder hüpft. Das ist der Startschuss für die nächste Verfolgungsjagd.

FUTTERBÄLLE

Besonders beliebt sind sogenannte Snack-, Futter- oder Activitybälle aus Kunststoff, die mit Trockenfutterkroketten befüllt werden. Wenn die Katze den Ball in Bewegung setzt, fällt ab und zu eine Krokette durch eine kleine Öffnung heraus. Die Belohnungshappen sollen das Tier immer wieder animieren, mit dem Ball zu spielen. Durch diese Beschäftigung wird sowohl der Jagdtrieb stimuliert als auch durch Langeweile auftretender Stress verringert. Ein positiver Nebeneffekt dabei ist auch, dass Mieze durch entsprechende Bewegung mehr Energie verbraucht und folglich weniger Gewicht auf die Waage bringt. Das aber nur, wenn Sie die Krokettenmenge, mit der der Futterball befüllt wird, von der Tagesration abziehen. Manche Katzen entwickeln sich zu Profi-Snackballspielern und haben schnell heraus, in welche Richtung der Ball gedreht werden muss, um eine Krokette zu bekommen.

EXPERTENTIPP Solche Bälle eignen sich hervorragend zur Beschäftigung von gelangweilten Wohnungskatzen und erlauben dem Tier, seine Nahrung zu erarbeiten beziehungsweise zu erjagen. Auch der Tatsache, dass Katzen von Natur aus eher kleine Snacks als große Mahlzeiten bevorzugen, wird hier Genüge getan. Wenn die Mieze Nahrung zur freien Verfügung hat, teilt sie sich diese in 12 bis 20 Portionen pro Tag ein.

SELBST IST DIE KATZE

UND ES ROLLT DOCH

Katzen sind bei der Wahl ihres Spielzeugs erfinderisch: Ein gemopstes Papierknäuel vom Schreibtisch, einen gefundenen Korken vom Couchtisch, eine ungekochte Nudel oder gar eine entwendete Olive aus der Küche dienen dem Zweck. Wenn der Gegenstand leicht bewegt werden kann und interessant riecht, ist er für Katzen unwiderstehlich. Achten Sie jedoch bitte bei Alltagsgegenständen darauf, dass diese für die Katze ungefährlich sind, sowohl von der Form als auch vom Material.

EXPERTENTIPP Alltagsgegenstände sind eine kostengünstige Alternative zu herkömmlichem Katzenspielzeug und bieten Abwechslung. Die meisten Katzen spielen gern mit Nüssen, Flaschenverschlüssen aus Kunststoff, Knöpfen oder Trinkhalmen. Das Spiel mit Gummiringen, scharfen Gegenständen oder kleinen Teilen, die verschluckt werden können, ist jedoch tabu. Auch der gute alte Holzkreisel, den viele noch aus Kinderzeiten kennen, kann Katzen auf Trab halten.

HAUPTSACHE ES ROLLT! Leckermaul Nicky hat Oliven aus der Küche entwendet und spielt mit ihnen.

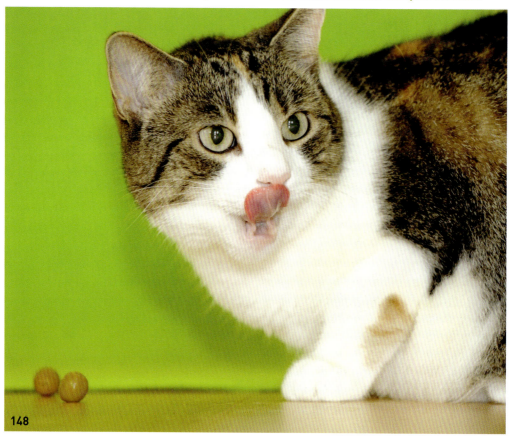

MÄUSE-ARENA

ANGESTUBST Mal sehen, ob sich diese Maus noch bewegt. Sie zuckt nicht mehr.

BEATMET Vielleicht kann man ihr wieder etwas Leben einhauchen?

TURBOMAUS Nur wenige Katzen jagen Spielmäuse im XL-Format: Bibi hat gleich zwei.

MÄUSE-ARENA

Als Katze kann man nie genug Mäuse haben. Fell-, Sisal- und Quietschmäuschen in verschiedenen Größen, mit oder ohne Katzenminzeduft, lassen sich prima erlegen und bieten stundenlanges Spielvergnügen. Damit die Spielmäuse beliebt bleiben, sollten Ihrem Stubentiger immer nur ein bis zwei Fellmäuse zur Verfügung stehen. Räumen Sie die restlichen Mäuse weg und bieten Sie Ihrer Katze abwechselnd verschiedene Mäuse an.

EXPERTENTIPP Fellmäuse stehen ganz oben auf der Hitliste der beliebtesten Katzenspielsachen. Sie ähneln mit ihrem Fell einer echten Maus und lassen sich bequem im Maul durch die Wohnung tragen. Wenn Sie für Ihr Tier eine Spielmaus aussuchen, achten Sie auf die Größe. In freier Wildbahn gelten nämlich größere Nagetiere und Ratten als wehrhafte Gegner, mit denen man sich besser nicht anlegt. Fellmäuse, die das XL-Format einer großen Maus übersteigen, sind folglich bei Katzen nicht so begehrt.

Info

MÄUSCHEN

KATEGORIE:	Objektspiele, Apportierspiele, Jagd- und Beutespiele mit der „Lizenz zum Töten"
GEEIGNET FÜR:	Katzen jedes Alters
EFFEKT:	schärft Jagdfähigkeiten, unterstützt körperliche und geistige Fitness und hilft überschüssige Energie abzubauen
WICHTIG:	Verzichten Sie auf Spielmäuse mit kleinen, leicht zu verschluckenden Teilen, wie schnell ablösbare Augen.

UNBEKANNTES FLUGOBJEKT Dieser Spielring aus Stroh und Federn ist bei vielen Stubentigern sehr beliebt. Federleicht lässt er sich von Katzenpfoten in die Luft werfen, fangen und erjagen.

FEDERVIEH

Neben der Jagd auf Bälle, Mäuschen oder katzentaugliche Alltagsgegenstände gehören auch Federn zu den beliebtesten Katzenspielsachen. Wie wäre es mit einem Strohring mit Federn? Er ist leicht, die Katze kann ihn in die Luft werfen und jagen. Es gibt viele Spielzeuge mit Federn, die nach dem „Stehaufmännchen-Prinzip" funktionieren und sich dadurch ausgezeichnet für Solitärspiele eignen. Nach jedem Pfotenhieb richten sich die „Federmännchen" wieder auf und sind für den nächsten Schlag bereit.

EXPERTENTIPP Federn sind bei Katzen sehr beliebt. Für unsere Miniraubtiere ist die Jagd auf Federspielzeug fast so spannend wie auf echte Vögel. Bei leichtem Anstupsen wippen die Federn und wecken das Interesse der Jägerin. Das luftige Spielobjekt ist gut für Solitärspiele geeignet und kann im Maul herumgetragen werden. Da Katzen gern an Federn kauen und die scharfen Enden der Kiele Verletzungen hervorrufen können, sollten Sie das Spiel mit Federn beaufsichtigen. Nach dem Spielvergnügen werden die Federspielsachen katzensicher verstaut.

ANGELSPASS FÜR GESCHICKTE PFOTEN

Katzen sind leidenschaftliche Jäger und beweisen Ausdauer und Geschick, um eine mögliche Beute zu erwischen. Freilaufkatzen verbringen täglich bis zu sechs Stunden mit der Jagd, wobei nur etwa jeder 15. Jagdversuch erfolgreich ist. Erfahrene Jägerinnen sind es gewohnt, Zeit in den Beutefang zu investieren, und lassen sich von einem Misserfolg nicht gleich demotivieren.

UNSICHTBARE BEUTE

Spielobjekte, die erst entdeckt und gefangen werden müssen, bevor man mit ihnen spielen kann, sind besonders spannend. Sie sprechen Entdeckerdrang und Neugier unserer Katzen an und veranlassen die Tiere, immer wieder nach der Beute zu tasten und zu angeln. Im Zoofachhandel gibt es unterschiedliche Spielobjekte für Tast- und Angelspiele, wie den allseits bekannten kunterbunten Plüschwürfel, der auf allen vier Seiten und auf der Oberfläche je eine in Kreuzform eingeschnittene Öffnung hat. Im Innern des Würfels befinden sich vier flauschige Plüschbällchen, welche die Jagdlust der Katze anregen.

EXPERTENTIPP Grundsätzlich eine gute Spielidee, jedoch ist der Plüschwürfel durch seine Materialbeschaffenheit nicht sehr stabil und fällt beim Tasten oft in sich zusammen. Die Katzen verlieren dadurch relativ bald das Interesse. Sie können den Würfel auch mit anderen Spielsachen füllen, damit er spannend bleibt. Ein Schuhkarton mit Deckel, in dessen Wände zwei bis drei Löcher geschnitten wurden, erfüllt denselben Zweck und bietet mehr Standfestigkeit für wilde Angelspiele. Die Spielzeuge, mit denen der Karton gefüllt wird, sollten eine griffige Oberfläche aufweisen, beispielsweise Sisal oder Leder, damit die Krallen beim Zuschlagen und Herausziehen der Beute besseren Halt finden.

CATCH THE MOUSE Hier läuft die Maus im Kreis und lädt zum Angeln ein.

ERWISCHT Toll ist es, wenn die Mieze eine Spielmaus in den Pfoten halten kann.

BETÖREND Berauschend wird es, wenn die Maus mit Katzenminze eingerieben wurde.

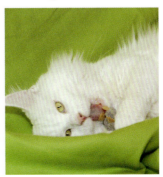

SELBST IST DIE KATZE

SCHWEIZER KÄSE

Dieses Spielzeug ähnelt einem Stück Emmentaler. Auf der Oberfläche und an den Seiten befinden sich Öffnungen, durch welche die Bälle mit Glöckchen im Innern des Objekts bewegt werden können. Sie können Ihrer Katze auch einige Trockenfutterkroketten oder andere kleine Spielobjekte in die Spielbox legen, nach denen sie angeln kann, wenn sie sich allein beschäftigen soll.

EXPERTENTIPP Da es für die Katze unmöglich ist, die Bälle aus dem Käse zu fischen, kann es auch zur Frustration kommen. Beobachten Sie Ihr Tier beim Spiel. Lässt das Interesse deutlich nach und zeigt die Katze ihren Unmut, beenden Sie das Spiel mit einem positiven Erlebnis: Verstecken Sie ein Leckerli oder eine Trockenfutterkrokette in einem der Löcher. Hat die Mieze das Futter gefunden, verknüpft sie mit diesem Spiel etwas Angenehmes und wird auch beim nächsten Mal Interesse zeigen.

Im Zoofachhandel gibt es auch Spielboxen und -schienen, die zu einem Spiel- und Spaßerlebnis für Katzen zusammengestellt werden können. In verschiedenen Röhren laufen Rasselbälle, die alle Sinne der Katze ansprechen. Diese Systeme eignen sich auch für ältere Tiere sowie Katzen, die krankheitsbedingt in ihrem Bewegungsumfeld eingeschränkt sind.

ALLES KÄSE? „Cat's Cheese" ist mit einer kleinen Angel und drei Bällen für langen Spielspaß ausgerüstet. Die Katze kann nach den Bällen tasten oder die Maus an der Angel fangen.

LEKTION FÜRS LEBEN Spielen macht nicht nur Spaß, sondern ist auch für die Entwicklung junger Katzen und für die Mensch-Tier-Beziehung wichtig. Denn durch gemeinsames Spiel wird Vertrauen aufgebaut.

HEIMISCHER FITNESS-PARCOURS

Ein Tag im Leben einer Katze besteht aus Ruheperioden und Zeiten mit ausgeprägter Aktivität. Während eine Wohnungskatze einen Großteil des Tages mit Schlafen, Körperpflege und Fressen verbringt, bewegen sich Freilaufkatzen viel mehr. Sie streifen umher, klettern auf Bäume, erkunden ihr Territorium, begegnen Artgenossen und gehen auf die Jagd. Freilaufkatzen steht ein durchschnittliches Territorium von 8000 m² bis zu 50 ha zur Verfügung, während sich Wohnungskatzen mit der Wohnungsgröße ihres Halters begnügen müssen. Stubentiger leben durchschnittlich in einer Umgebung von 35 m² bis zu 120 m². Sie zeigen jedoch dieselben Verhaltensweisen wie ihre frei laufenden Artgenossen: Verstecken und Beobachten, Erkunden, Markieren und Jagen. Diese Aktivitäten spielen eine bedeutende Rolle für das Wohlbefinden jeder Katze. Gerade bei Wohnungshaltung muss das menschliche Heim durch Höhlen, Verstecke, Ruheplätze, Aussichtsplattformen und Kratzbäume zum Wohlfühlparadies für das Tier werden. Abgesehen von Jagdspielen, die Sie gemeinsam mit Ihrer Katze spielen sollten (siehe Seite 176 ff.), ist es unabdingbar, dass Sie Ihrem Stubentiger eine adäquate Fitnesswelt zur Verfügung stellen, um sich richtig austoben und somit überschüssige Energie abbauen zu können.

SELBST IST DIE KATZE

KLETTERTRÄUME

Wie kann man grundlegende Bedürfnisse der Katzen, wie Klettern, Krallenschärfen, Verstecken und Beobachten, besser unter einen Hut bringen als mit einem multifunktionalen Kratzbaum? Er ersetzt den geschickten Akrobaten Bäume, Balkonbrüstungen und Dächer, auf denen sie in „freier Wildbahn" balancieren würden, und wird somit zum Fitnessplatz, Klettergerät und Aussichtsturm. Aber nicht nur das, Kratzbäume sind auch als Schlafplatz beliebt, dienen zum

KATZENFITNESS Ab durch den Katzentunnel und schnell wieder den Kratzbaum hinauf.

AUSGUCK Aus einem sicheren Versteck lässt sich das menschliche Treiben ungestört beobachten.

Krallenschärfen und schonen somit oft das Sofa. Das Modell sollte allerdings nicht nur den optischen Ansprüchen des Zweibeiners genügen, es muss auch der Katze gefallen. Und das sind die Kriterien aus Katzensicht: Der Kratzbaum sollte mehrere Etagen mit erhöhten Aussichtspunkten haben und ihr einen guten Überblick über das Revier bieten. Katzen leben in der dritten Dimension: Steht der Baum in der Nähe eines Fensters oder einer Terrassentür, hat sie uneingeschränkten Blick nach draußen. Dadurch vergrößert sich das Revier, zumindest optisch, und sie kann Nachbars Kater oder vorbeifliegende Vögel beobachten. Der Kratzbaum muss unbedingt durch eine große Standfläche über eine gute Statik verfügen, damit das Klettergerät nicht wackelt oder umkippt, wenn das Tier an ihm hochspringt oder daran herumturnt. Macht die Katze schlechte Erfahrungen mit dem Kratzbaum, weil dieser ihrem Temperament nicht standhält und kippt,

HEIMISCHER FITNESSPARCOURS

UNENTSCHLOSSEN Hoch auf die Plattform oder doch lieber runter zur Spielmaus?

ist es aus mit dem Traum vom Baum, und in Zukunft wird das Sofa zum Klettern und Krallenschärfen herhalten müssen. Sisalumwickelte Stämme oder echte Baumstämme bieten sich zur Krallenpflege an und herabhängende Taue verleiten zu Schaukel- und Kletterspielen.

EXPERTENTIPP Im Fachhandel gibt es mittlerweile Kletter- und Spiellandschaften. Je nach Bedürfnis können Kratzbaum, Tunnel und andere Elemente miteinander kombiniert werden. Auch Katzenbaummodelle aus Baumstämmen sind erhältlich. Viele Katzen favorisieren mit Sisal bespannte Katzentürme, die in mehreren Etagen Schlupflöcher anbieten. Den kreativen Heimwerkern unter den Katzenhaltern sind keine Grenzen gesetzt, denn sie können ihren Stubentigern einzigartige Kletterwelten zimmern. Bedenken Sie, dass höhere Kletterbäume eine größere Standfläche oder eine Deckenstütze benötigen.

Checkliste

KATZENBAUM

☐ Angepasst an spezielle Bedürfnisse junger oder aktiver, älterer oder kranker Tiere

☐ Ansprechendes Design

☐ Ausgewählte Materialien – ohne Schadstoffe

☐ Ausgewogene Statik bei Belastung durch eine oder mehrere Katzen

☐ Farbechtheit bei Leder, Textilien, Teppichen etc.

☐ Hochwertige Verarbeitung

☐ Höhenverstellbare und leicht montierbare Deckenspanner

☐ Katzengerecht konstruiert – mehrere Liege- und Sitzflächen im oberen Bereich

☐ Kundenservice und Beratung – Erhalt von Ersatzteilen möglich, Garantie

☐ Ohne zusätzliches Werkzeug montierbar (bei Selbstmontage)

☐ Spielobjekte, wie Mäuschen oder Bälle, die an einer Schnur herabhängen

☐ Stabile Bodenplatten – Rutschfestigkeit

☐ Strapazierfähig

☐ Wetterfest (bei Outdoormodellen)

SPRUNGKÜNSTLER

Wer über Äste und Balkonbrüstungen tänzelt oder von Dach zu Dach springt, verfügt über eine exzellente Körperbeherrschung, demonstriert ein blitzschnelles Reaktionsvermögen und hat ein ausgeprägtes Gleichgewichtsempfinden. Der Katzenschwanz dient dabei als Steuerruder und liefert ausgezeichnete Dienste bei der Koordination. Katzen sind Kletter- und Sprungprofis. Leicht und schnell klettern sie den Baumstamm hinauf, indem sie sich mit den scharfen Katzenkrallen an der Rinde festhalten und sich mit den kräftigen Hinterläufen nach oben schieben. Der Abstieg ist schon schwieriger, denn Katzenkrallen finden beim „Abstieg kopfüber" keinen Halt. Insofern geht es sacht im Rückwärtsgang oder mit einem beherzten Sprung nach unten. Bei der Landung kommt das Tier zuerst mit den nach vorn gestreckten Vorderpfoten auf, die Hinterläufe werden unter den Körper gezogen. Sehr hohe Sprünge werden bewältigt, indem die Katze die Vorderpfoten so weit wie möglich nach unten streckt, solange sie mit den Hinterpfoten noch Halt hat. Erst wenn der Katzenkörper ganz durchgestreckt ist, springt sie ab.

EXPERTENTIPP Wilde, heftige Sprünge sind meist jungen oder aktiven Katzen vorbehalten. Ältere oder schwere Tiere, die Probleme mit den Gelenken haben, sind für sportliche Spiele schwer zu motivieren, da ihnen Sprünge oft Schmerzen bereiten. Eine Ernährungsumstellung und ein individuell abgestimmtes Fitness- und Spielprogramm verhilft übergewichtigen Katzen zu mehr Bewegungsfreude.

[a] LOCKER GEMACHT Benco ist bereit für eine Runde Katzenagility.

[b] VERFOLGT Von der oberen Ebene des Kratzbaums hinunter, immer dem Federwedel hinterher.

[c] PUNKTLANDUNG Sind die Vorderpfoten aufgekommen, werden die Hinterläufe bei der Landung unter den Körper gezogen.

[d] SPRUNGGEWALTIG Spielzeug mit Katzenminzeduft – an der Tür befestigt – veranlasst Katzen zu athletischen Leistungen.

[e] BALANCEAKT Bei wilden Kletterübungen hilft der Schwanz, die Balance zu halten.

BERAUSCHT Selbst der imposante Leon vergisst mit einem Katzenminzemäuschen die Welt um sich.

KATZENMINZE – RAUSCH DER SINNE

Katzenminze (Nepeta Cataria) enthält ätherische Öle und die Substanzen Nepetalacton und Actinidin, von denen sich ein Großteil der Katzen magisch angezogen fühlt. Während Catnip (Katzenminze) für den menschlichen Geruchssinn einen nicht ungewöhnlichen Duft verströmt, kann sie auf Katzen betörend wirken und die Tiere in eine rauschähnliche Stimmung versetzen. Beim Kontakt mit dem Gewächs werden verschiedene Verhaltensweisen ausgelöst. Zuerst wird geschnuppert und geleckt, dann werden Kinn und Wangen daran gerieben, unterbrochen von verträumten Blicken. Meistens bekommt die Pflanze oder der mit Catnip behandelte Gegenstand kräftige Pfotenhiebe. Da die Tiere nach dem Schnuppern der Katzenminze lebhafter, verspielter und neugieriger reagieren, werden getrocknete Catnip-Blätter oft in Stoffkissen oder Spielmäuse gefüllt und gelten als „Belebungs- und Verjüngungsmittel" für müde oder gelangweilte Stubentiger. Bei Wohnungskatzen ist Katzenminze ein effektives Hilfsmittel, um Spielzeuge oder Kratzbäume interessant zu machen. Ob Katzen sich vom Katzenminzeduft angezogen fühlen oder nicht, soll genetisch bedingt sein. Kätzchen unter drei Monaten zeigen noch kein Interesse an Katzenminze.

CATNIP-KATZEN

Spielobjekte, wie die auf Seite 157 [d] abgebildete Spielkatze, kann man gut an den Kratzbaum oder an Türklinken

BLITZSCHNELL ERFASST Auch beim Spiel entgeht dem aufmerksamen Blick von Lisa nichts. Ob wackelnde Zehen oder sich windende Spaghettis – jede Bewegung wird registriert und verarbeitet.

hängen. Der Geruch der Catnip-Kräuter sowie die eingenähte Raschelfolie erregen das Interesse der Katze und motivieren zum Spielen. Besonders sportliche Katzen lieben solche Spielobjekte und lassen sich zu kühnen Sprüngen verleiten, um die Beute zu erwischen.

MISSION „UNDERCOVER"

Katzen lieben Höhlen: Sie können aus einem sicheren Versteck alles beobachten, werden dabei aber selbst nicht entdeckt! Die beliebtesten Schlupfwinkel sind Rascheltunnel, Schubladen oder auch das Bett. Auch große Kartons, in die Ein- und Ausgänge geschnitten werden, sind ideale Versteckmöglichkeiten. Seidenpapier oder abgerollte Luftschlangen rascheln und bieten sich zum Toben, Verstecken und Anschleichen an.

Info

KATZENAUGEN
Katzen sehen auch bei geringer Lichtquelle gut und erkunden daher gern dunkle Orte und Ecken. In der Dämmerung sieht die Katze sogar sechsmal besser als der Mensch, in totaler Finsternis können jedoch auch die Katzenaugen nichts mehr wahrnehmen.

TUNNEL UND RASCHELSACK

Spielröhren beziehungsweise Spieltunnel eignen sich für Katzen, die sich gern verstecken. Im Innern kann die Katze ungesehen ein Nickerchen machen oder nach Herzenslust toben. Spannung, Abwechslung und Abenteuer bietet der Tunnel, den es aus verschiedenen Materialen und mit eingenähter Raschelfolie gibt.

Manche Spielröhren haben mehrere Ausgänge sowie herabhängende Fellmäuse, Plüschbälle oder Filzfischchen, die im Dunkeln erjagt werden können. Sie können mehrere Spieltunnel zu einem dunklen Röhrensystem zusammenstellen, einige Mäuse darin verstecken und die Agenten auf vier Pfoten auf geheime „Undercovermission" schicken.

Checkliste

SOLITÄRSPIELE

Mit diesen Spielobjekten kann sich Ihr Stubentiger auch mal allein die Zeit vertreiben:

- [ ] **Mehrere Mäuschen (aus Fell, Sisal oder Stoff – je nach Vorliebe Ihrer Katze)**
- [ ] **Leichte Bälle**
- [ ] **Katzentaugliche Alltagsgegenstände wie Korken, Nüsse etc.**
- [ ] **Snackball und Trockenfutterkroketten**
- [ ] **Katzenbaum**
- [ ] **Versteckmöglichkeiten (Decke, Raschelsack, Karton etc.)**
- [ ] **Spielbox oder -schiene**
- [ ] **Spielobjekt mit Katzenminzeduft**

[a] KATZENWRAP Ein zusammengerollter Teppichläufer eignet sich hervorragend als Versteck.

[b] GUT GETARNT „Sehen, aber nicht gesehen werden" lautet das Motto.

[c] ANGEPIRSCHT Erweckt ein Spielobjekt das Interesse der Katze, arbeitet sie sich langsam an die vermeintliche Beute heran.

[d] UNTERTUNNELT Katzen fühlen sich von Höhlen magisch angezogen.

[e] AUS DER RÖHRE SCHAUEN Verstecken, Erkunden und Beobachten zählen zu den Grundbedürfnissen jeder Katze.

SPIELPARTNER
Katzenkumpel

IN GESELLSCHAFT EINES KATZEN-
KUMPELS WIRD DAS LEBEN SEHR
VIEL ABWECHSLUNGSREICHER.
DENN WILDE VERFOLGUNGSJAGDEN,
SPANNENDE RANGELEIEN, VER-
STECKSPIELE UND DIE SUCHE NACH
FELLMÄUSEN MACHEN GEMEINSAM
DOPPELT SO VIEL SPASS.

SPIELPARTNER KATZENKUMPEL

EINZELKÄMPFER
oder Teamspieler?

Katzen haben unterschiedliche Lebensweisen, die ihre Individualität und ihre enorme Anpassungsfähigkeit an unterschiedliche Bedingungen widerspiegeln. Das erweckt oft den Anschein, sie wären eigenbrötlerisch und dem familiären Zusammenleben gegenüber abgeneigt. Einerseits ziehen sie als Einzelgänger durch Wiesen und Felder, andererseits leben sie gesellig in verschieden großen

> ### Info
>
> **BEDÜRFNIS NACH GESELLIGKEIT**
> Das Bedürfnis nach Geselligkeit ist von Katze zu Katze verschieden und von Erfahrungswerten abhängig. Werden Tiere nicht in frühester Jugend an Artgenossen gewöhnt, können sie sich zu mürrischen Außenseitern entwickeln.

MAJESTÄTISCH Trotz ihrer imposanten Erscheinung ist die Maine Coon eine sanftmütige Zeitgenossin.

Gruppen und in unterschiedlichen sozialen Strukturen. Katzenkolonien bilden sich verstärkt in Gebieten mit einem reichhaltigen Nahrungsangebot. Innerhalb der Gruppen erkennt man matriarchalische Stammlinien und die Tiere unterhalten soziale Beziehungsnetze. Bei den Wohnungskatzen hat der Mensch einen erheblichen Einfluss auf das Sozialleben der Katze, denn wir bestimmen, ob sie allein leben muss oder mit einem Artgenossen. Viele Katzen werden allein gehalten und haben nie die Möglichkeit, unter Beweis zu stellen, dass sie durchaus gesellig wären. Obwohl das Sozialleben der Katzen ausgesprochen vielschichtig ist und der Halter einiges an Wissen benötigt, um zwei oder mehreren Katzen ein harmonisches Miteinander zu ermöglichen, sollte man gerade Wohnungskatzen einen Artgenossen nicht vorenthalten! Denn was gibt es Schöneres als einen Kameraden, mit dem man gemeinsam den Tag verbringen kann, wenn Frauchen oder Herrchen arbeiten muss?

KUSCHELTIGER ODER SPIELFREAK?

Durch gezielte Zuchtauswahl entstanden verschiedene Katzenrassen. Je nach Standard werden den Tieren entsprechende körperliche Merkmale und unterschiedliche Wesenszüge zugeordnet. So werden Perserkatzen oft als friedfertig und ruhig beschrieben, während die Siamkatzen als lebhaft und aufgeschlossen gelten. Doch natürlich gibt es auch Ausnahmen.

Die friedfertigen, ruhigen Charaktere: Perser, Kartäuser, Britisch Kurzhaar, Exotisch Kurzhaar …

Eine Spur lebhafter sind: Maine Coon, Norwegische Waldkatze, Heilige Birma, Ragdoll …

Die Temperamentsbündel: Siam, Burma, Burmilla, Korat, Abessinier, Türkisch Angora, Singapura, Bengal, Somali, Balinesen, Orientalisch Kurzhaar …

Ein Kapitel für sich: die Hauskatze oder auch Europäisch Kurzhaar genannt.

FRIEDFERTIG Heilige Birma gelten als ruhige und ausgeglichene Gefährtinnen.

TEMPERAMENTSBÜNDEL Siamkatzen sind sehr präsent. Sie lieben lebhafte Spiele.

SPIELPARTNER KATZENKUMPEL

WO BIST DU? Junge und aktive Katzen lieben es, Verstecken zu spielen.

GEFÄHRDET Zerbrechliche Gegenstände müssen aus dem Spielfeld geräumt werden.

BRUCHLANDUNG Die Schale hat das Spiel nicht überlebt, die Reste werden untersucht.

HAUSKATZEN

Der größte Anteil aller Katzen sind vermutlich Hauskatzen, die ihrer Verwandtschaft mit Stammbaum in nichts nachstehen und Katzenfans ungeachtet der Herkunft in ihren Bann ziehen. Während bei den Rassekatzen Wesenseigenschaften vorhersehbar sind, gleicht die Hauskatze hingegen einem Überraschungspaket. Wie wird das Kätzchen aussehen? Welche Charaktermerkmale hat es von seinen Eltern als Startkapital ins Leben erhalten?

FANG MICH DOCH!

Lauf- und Fangspiele gehören zur sportlichen Kategorie der Spiele und werden meistens von jungen oder sehr aktiven Katzen gespielt. In einer wilden Jagd geht es kreuz und quer durch die Wohnung, über Betten und Stühle, über Regale und sonstiges Mobiliar. Schnell wechseln jedoch die Rollen und der Verfolger wird zum Gejagten und umgekehrt. Diese athletischen Hochleistungen erfordern nicht nur körperliche Fitness und ein schnelles Reaktionsvermögen, sondern

Info

EINFLUSS AUF DEN CHARAKTER

Ebenso vielfältig und unterschiedlich wie die menschlichen Charaktere sind die Wesenszüge der Katze. Das genetische Vermächtnis der Elterntiere, Erfahrungen, Lernprozesse und Vorlieben haben genauso einen Einfluss auf die Persönlichkeit des Tiers, wie das Lebensumfeld. Es ist nicht immer einfach, das Temperament einer Katze zu bestimmen. Einige sind sanft, andere extrovertiert und geschwätzig, es gibt scheue, aber auch kratzbürstige Stubentiger.

benötigen auch viel Energie. Und so finden sich die Sportler auf vier Pfoten bald auf dem Sofa zur Siesta wieder, um die Kraftreserven aufzutanken.

EXPERTENTIPP Wenn Ihre Katzen zu den Lauffreudigen gehören, öffnen Sie die Zimmertüren und stellen Sie ihnen eine große Rennstrecke zur Verfügung. Damit bei den Rennspielen kein Inventar zu Bruch geht, sollten Sie diesbezüglich Vorsorge treffen und Vasen oder andere leicht zerbrechliche Gegenstände aus dem Aktionsfeld räumen.

IM VERBORGENEN

Auch Verstecken gehört zu den Vorlieben unserer Katzen. Kartons, Kisten, Einkaufstüten, Schubladen und Regale ziehen Katzen magisch an. Hier fühlt man sich geschützt, kann alles und jeden beobachten, ohne selbst gesehen zu werden.

Und kommt der Artgenosse zufällig des Weges, kann man ihn wunderbar aus dem Hinterhalt attackieren und ein Lauf- oder Kampfspiel anzetteln.

EXPERTENTIPP So mancher vermeintlich kuschelige Schlupfwinkel in der Wohnung entpuppt sich als äußerst gefährlich. Besonders beliebt sind Taschen. Handelt es sich dabei um Einkaufstüten, besteht die Gefahr, dass sich der Vierbeiner darin verheddert und eventuell erstickt. Wenn Sie daher Ihren Stubentiger in Tüten Verstecken spielen lassen, dann bitte nur unter Aufsicht und nachdem Sie die Henkel der Tüte durchgeschnitten oder entfernt haben. Papiertüten sind auf jeden Fall ungefährlicher. Auch Kleiderschränke oder Schubladen können für Katzen zur Falle werden, vor allem, wenn sie darin eingeschlossen werden und Frauchen oder Herrchen weggehen.

EINGETÜTET Einkaufstüten gehören zu den Lieblingsverstecken von Katzen jeden Alters.

KISSENSCHLACHT Baldriankissen sind eine begehrte Beute und werden aufmerksam bewacht.

HOCH HINAUS

Katzen lieben es, ihr Revier von oben zu beobachten. Neben idealen Aussichtspunkten bietet ein Katzenbaum noch mehr. Springen, Klettern, nach herunterhängenden Spielsachen angeln oder einfach mal Pause machen. Wenn Sie mehrere Katzen besitzen, sollten Sie darauf achten, dass jedem Tier eine eigene Liegefläche zur Verfügung steht. Anders sind Auseinandersetzungen vorprogrammiert, wenn es um begehrte Plätze geht.

EXPERTENTIPP Neben dem Katzenbaum werden auch schnell Regale zu Aussichtsplattformen und Akrobat Mieze schlängelt sich zwischen Vasen und Figuren hindurch, bis Frauchens Lieblingsstück zu Bruch geht. Gerade bei jungen und übermütigen Stubentigern sollten in der ersten Zeit zerbrechliche Gegenstände von den Regalen verbannt werden.

KAMPFKATZEN

Bei halbwüchsigen Katzen stehen Kampfspiele auf dem Programm. Von Imponieren bis Drohen, vom Angriff bis zum Nackenbiss werden die unterschiedlichen Kampf- und Jagdtechniken spielerisch ausprobiert. Von oben herab kann man wunderbar spielerische Attacken auf den Kameraden starten. Raufen und Herumbalgen machen Spaß und sind besonders beliebt. Doch aus dem Spiel kann schnell mal Ernst werden.

EXPERTENTIPP Das ungehinderte soziale Spiel ist wichtig für Kätzchen, da es für die Entwicklung der Persönlichkeit unentbehrlich ist. Greifen Sie bitte nicht gleich ein, wenn Ihre jungen Stubentiger übermütig durch die Wohnung toben. Raufspiele sehen meistens wilder aus, als sie sind.

KAMPFKATZEN

GRENZEN ÜBERSCHREITEN

Aber nicht nur Teenagerkatzen überschreiten manchmal ihre Grenzen im Spiel, auch erwachsene Tiere geraten sich in die Haare. Sie sollten bei solchen Konfrontationen nur dann eingreifen, wenn ernsthafte Verletzungsgefahr besteht, zum Beispiel durch Bisse. Wird für eines der beiden Tiere Partei ergriffen oder die scheinbar „angreifende" Katze gerügt, wird die Bestrafung oft mit dem Artgenossen in Verbindung gebracht und wirkt sich negativ auf die Freundschaft der beiden Tiere aus. Zudem beeinträchtigen solche Erziehungsmaßnahmen Ihre Mensch-Tier-Beziehung. Treiben Sie keine der Katzen „in die Enge" und lassen Sie ihnen immer eine Ausweich- oder Fluchtmöglichkeit. Wenn Sie versuchen, eine der beiden Katzen abzulenken, dann niemals durch Streicheln oder Leckerli, weil Sie dadurch das vorherige aggressive Verhalten bestärken würden. Bringen Sie sich bei gefährlichen Auseinandersetzungen „anonym" ein, indem Sie zum Beispiel hinter Ihrem Rücken einen Schlüsselbund oder ein Buch fallen lassen. Durch den unerwarteten Krach wird der Kampf unterbrochen und die Tiere lassen voneinander ab. Manchmal hilft jedoch nur eine saftige Dusche aus der Wasserspritzflasche, um die beiden Streithähne zu trennen – bitte den sanften Strahl einstellen.

NASENSTÜBER Wagt sich der junge Kater zu nah an das Duftkissen, setzt es einen gehörigen Pfotenhieb.

SPIELPARTNER KATZENKUMPEL

TANZENDE FEDERN

Katzen lieben Federn, vor allem, wenn sie sich wie von Geisterhand bewegen. „Catch me" ist ein Spielzeug, das mit Motor und Fernbedienung ausgestattet ist. Der Motor bringt die Spielangel zum Drehen und wirbelt das Spielzeug herum. Dadurch wird der Jagdtrieb geweckt und das Spiel kann beginnen.

EXPERTENTIPP „Catch me" ist ein empfehlenswertes Spielzeug sowohl für einzeln gehaltene Tiere als auch bei Mehrkatzenhaltung. Nicht nur die körperliche Fitness, sondern auch die geistige Flexibilität der Tiere wird durch dieses Spiel angesprochen. Durch den unregelmäßigen Lauf der Spielangel bleibt auch die Spielmotivation länger erhalten.

„CATCH ME" heißt die beliebte Spielstation mit Federangel und Fernbedienung.

Mittels Fernbedienung kann der Katzenhalter Einfluss auf das Spiel nehmen und die Feder stoppen beziehungsweise wieder drehen lassen.

ERLEBNISBOX
Erlebniswelten aus Karton bedeuten Abenteuer und bieten Abwechslung für Kätzchen.

BEUTE AM FADEN

Spielangeln sind gut geeignet, um den Jagdtrieb von Katzen zu wecken. Schnelligkeit, Fitness und Reaktionsvermögen sind hier gefragt. Wenn ein Federbüschel an der Angel tanzt, ist Mieze nicht mehr zu halten. Ein Spiel, das man auch wunderbar zu zweit oder zu dritt spielen kann.

EXPERTENTIPP Der Aktivitätsgrad von Katzen ist unterschiedlich. Es ist daher notwendig, dass Spiele individuell auf die Katzen abgestimmt werden. Ängstliche Katzen lassen sich beim Spiel oft von selbstbewussten aktiven Katzen zurückdrängen. Wenn dies der Fall ist, sollten Sie neben den gemeinsamen Spielen auch mit jedem Tier einzeln spielen, damit keines zu kurz kommt. So kann Ihr selbstsicherer Stubentiger überschüssige Energie abbauen, die schüchterne Katze selbstbewusster werden und beim gemeinsamen Spiel wird die Tierfreundschaft gestärkt.

SCHATZSUCHE

Kartons und Schachteln bieten tolle Spielmöglichkeiten für Katzen. Also nicht gleich entsorgen, sondern zu Erlebniswelten für Ihre Stubentiger umbauen. Je größer und stabiler die Box beziehungsweise Schachtel, umso besser. Schneiden Sie Löcher in den Karton als Ein- und Ausgänge, eventuell ein paar Fenster. Legen Sie die Katzenabenteuerwelt mit raschelndem Seidenpapier aus. So lässt es sich im Karton hervorragend verstecken und toben. Zusätzlich unter dem Papier versteckte Fellmäuschen oder Katzenminzesäcke fordern den Tastsinn heraus und animieren Ihre Katzen zum Jagen.

EXPERTENTIPP Diese Spielwelten sind variabel, kostengünstig und begeistern alle Katzen im Haushalt. Damit das Interesse Ihrer Katzen an der Objektsuche in „verborgenen Welten" bestehen bleibt, sollten Sie den Karton nach einigen Tagen wegräumen.
Wird die Schachtelerlebniswelt in zwei bis drei Wochen wieder aufgestellt, beginnt der Spielspaß für die Tiere erneut.

Checkliste

SPIELE MIT ARTGENOSSEN

Mit diesen Spielobjekten können sich zwei Katzen wunderbar die Zeit vertreiben:

- [ ] **Mehrere Mäuse (aus Fell, Sisal oder Stoff – je nach Vorliebe Ihrer Katzen)**
- [ ] **Leichte Bälle**
- [ ] **Katzentaugliche Alltagsgegenstände zum Spielen, wie Korken, Nüsse etc.**
- [ ] **Katzenbaum**
- [ ] **Versteckmöglichkeiten (Decke, Raschelsack, Kartons etc.)**
- [ ] **Spielbox oder -schiene**
- [ ] **Spielobjekte mit Katzenminzeduft**
- [ ] **Mit Motor betriebene Katzenspielsachen („Catch me" etc.)**

CATCH ME

BASICS

[a]

[b]

[a] LEBT ES? Sich bewegende Objekte wecken das Interesse und motivieren Katzen zur Jagd.

[b] PFÖTELN Ist die Jagdlust geweckt, geht es mit vollem Einsatz zur Sache.

[c] RICHTUNGSWECHSEL Nun sind Koordination und Reaktionsvermögen gefragt. Leider ist die Beute durch einen abrupten Richtungswechsel entkommen.

[d] FAST ERWISCHT Mit gezieltem Pfotenschlag und offenem Maul wird versucht, die Spielfedern abzuschlagen oder zu fassen. Hier ist Geschick gefragt.

[c]

[d]

[e] **FREILAUFKATZEN** verbringen täglich bis zu sechs Stunden mit der Jagd, Wohnungskatzen müssen ihren Jagdtrieb im Spiel ausleben.

[f] **NOCH MAL** Meggy kann von diesem Spiel gar nicht genug bekommen.

[g] **ATTACKE** Aus der Deckung versucht sie einen erneuten Angriff.

[h] **JETZT ABER** Hier wird der hohe Erregungslevel bei der Jagd ersichtlich.

[i] **VOLLE KONZENTRATION** Bei „Catch me" sind mehrere Jagdversuche nötig, bis die Beute geschlagen ist.

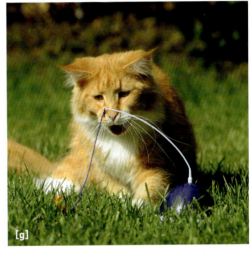

SPIEL
mit mir!

DAS SPIEL ZWISCHEN TIERHALTER UND KATZE IST ETWAS BESONDERES. ES MACHT SPASS UND WIRKT HARMONISIEREND AUF DIE MENSCH-TIER-BEZIEHUNG. DURCH SPANNENDE SPIEL- UND BESCHÄFTIGUNGSVORSCHLÄGE WERDEN AUS GELANGWEILTEN STUBENTIGERN ZUFRIEDENE GEFÄHRTINNEN.

SPIEL MIT MIR!

KATZEN
müssen spielen!

Auch wenn sie noch so verschmust sind, bleiben unsere Katzen Raubtiere, deren Lieblingsbeschäftigung das Jagen ist. Während Freilaufkatzen ihre Energie auf der Pirsch abbauen können, sind Wohnungskatzen auf Beschäftigungsmöglichkeiten im menschlichen Heim angewiesen. Sie verbringen einen Großteil des Tages mit Schlafen, Körperpflege und Nahrungsaufnahme, während ihre Artgenossen mit Freilauf ihr Territorium erkunden und etwa sechs bis zu acht Stunden pro Tag der Jagd nachgehen.

OUTDOOR-ERSATZ

In freier Wildbahn wird die Überlebenschance durch ständiges Lernen erhöht. Da den Wohnungskatzen dieses Intelligenztraining verwehrt bleibt, erlangt das tägliche Spiel mit dem Menschen eine enorme Bedeutung. Es können sogar Verhaltensprobleme entstehen, wenn das Bedürfnis der Tiere nach körperlicher Betätigung und geistiger Anregung nicht gestillt wird. Manche Stubentiger sind sehr erfinderisch, angestaute Energie abzubauen: In Ermangelung eines geeigneten Jagdobjekts werden die Beine von Frauchen oder Herrchen als Beute augewählt. Gar nicht so selten werden Tierhalter nachts vom wohlverdienten Schlaf abgehalten, wenn beim Stubentiger Langeweile aufkommt. Spiel- und Beschäftigungsprogramme für Katzen bekommen daher immer mehr Bedeutung in der Mensch-Tier-Beziehung.

Info

STIMMUNGSBAROMETER
Das Spiel kann als Indikator für das Wohlbefinden eines Tiers herangezogen werden. Katzen, die unter Stress stehen, spielen weniger beziehungsweise gar nicht mehr.

SCHNELLE MÄUSE UND LEICHTE FEDERN

Spielangeln gibt es in verschiedenen Ausführungen mit unterschiedlichen „Beutetieren", mit Lederschnüren oder Plüschbändern. Spielangeln kann man auch selbst basteln: Nehmen Sie einen längeren Stab mit einer Schnur (kein Gummiband wegen der Verletzungsgefahr) und knoten Sie ein Spielzeug ans Ende. Dafür eignen sich Fellmäuschen, Bälle, kleine Plüsch- oder Filztierchen, Federn, Korken oder Ähnliches.

HAUPTSACHE, ES ZAPPELT

Alles, was sich bewegt und erlegt werden kann, ist äußerst spannend für Katzen. Spielangeln eignen sich gut, um den Jagdtrieb anzuregen; außerdem bieten sie Mensch und Tier eine tolle Möglichkeit, miteinander zu spielen. Schnelligkeit, Fitness und Reaktionsfähigkeit sind vonseiten der Jägerin gefragt, während der Mensch Engagement und Einfühlungsvermögen mitbringen muss. Besonders bei Beutefangspielen ist Fingerspitzengefühl gefragt, da der Tierhalter eine Beute imitieren soll. Zuallererst sollte das Objekt der Begierde die richtige Größe haben: Die meisten der Katzen lieben kleine Gegenstände und schrecken vor großen Spielobjekten zurück. Ein Objekt in der Größe einer Fellmaus ist bei den meisten Stubentigern beliebt. Bei Federn ist es umgekehrt, je imposanter die Feder ist, desto größer das Jagdinteresse.

ABWÄGUNGSSACHE Die Koordination zwischen Erkennen und Einschätzen der Beute und der Wahl der Fangtechnik entscheiden über Erfolg oder Misserfolg bei der Jagd. Auch hier macht Übung den Meister.

SPIEL MIT MIR!

FLUCHTVERSUCHE

Ein weiterer wichtiger Faktor ist die Bewegung. Die „Beute" muss sich verstecken, fliehen, Haken schlagen, hüpfen, zappeln und zucken, sonst wirkt sie nicht echt. Bewegen Sie Fellmäuse oder ähnliches Getier von der Katze weg und nicht auf sie zu. Spielangeln mit Bändern sollten sich über den Boden schlängeln wie Schlangen oder Blindschleichen; Federangeln sollten durch die Luft fliegen und vom „Himmel" zu angeln sein. Grundsätzlich gilt: Alles, was sich von der Katze wegbewegt und fliegt, kriecht, zappelt, springt oder rollt, spornt sie zur Jagd an. Wildes Hantieren mit der Angel vor dem Katzengesicht irritiert das Tier allerdings, vermiest die Spielfreude und wird als eventueller Angriff empfunden.

KATZENAUGEN

Die Augen eines Raubtiers sind auf die Wahrnehmung von Bewegung und Entfernung spezialisiert – das ermöglicht eine rasche Fixierung des Beutetiers. Unbewegliche Objekte in derselben Entfernung können von der Katze nur schlecht unterschieden werden.

EXPERTENTIPP Spielangeln sind ein tolles Mittel, um Ihre Katze zu beschäftigen. Beim Katzenvolk sind Federangeln am beliebtesten, denn sie sind der perfekte Vogelersatz. Wird die Angel bewegt,

DURCHTRAINIERT Zum Erhalt der schlanken Linie und der körperlichen Fitness gehören regelmäßige Aktivitäten für kastrierte Wohnungskatzen zum Pflichtprogramm. Er hat einen echten Waschbrettbauch!

OUTDOOR-ERSATZ

HÖHENFLÜGE Mit vollem Einsatz versucht die Katze das Flugobjekt zu fangen.

VOM HIMMEL GEHOLT Mit ausgefahrenen Krallen wird die Beute festgehalten.

SPRUNGGEWALTIG Sausen lassen und erneut hinterherspringen. Ein tolles Spiel!

rotieren die Federn am Ende der Schnur und erzeugen dabei Flattergeräusche. Ein zusätzlicher Pluspunkt ist, dass bei den meisten dieser Spielangeln die Federn nachgekauft und ausgetauscht werden können. Wenn die Federbüschel an der Angel tanzen, ist Mieze nicht mehr zu halten, und dabei kommt so manche Feder unter die Krallen. Die weniger aktiven Katzenhalter können die Spielangel auch vom Sofa aus bewegen, während die Sportfans gemeinsam mit ihrem Stubentiger durch die Wohnung tollen.

ZAUBERSTAB

Auch Spielwedel gibt es in vielen Variationen, entweder sind Lederbänder oder Federn an der Spitze befestigt oder Plüschbälle mit Katzenminzeduft. Dieser Stab eignet sich gut für interaktive Spiele zwischen Mensch und Katze. Dabei kann sich der Katzenhalter auch bequem aufs Sofa setzen und mit seinem Stubentiger spielen. Viele Katzen, besonders scheue, lieben es von oben herab – vom Kratzbaum, Regal oder einem anderen Versteck – nach dem Spielwedel zu pföteln. Besonderen Spaß macht es auch, wenn der Fellball am Stab unter der Bettdecke oder einem Teppich verschwindet und nach der unsichtbaren Beute gejagt werden kann.

EXPERTENTIPP Bei Spieltests mit mehreren Katzen hat der Spielstab mit den Catnip-Plüschbällen ausgezeichnet abgeschnitten. Das Spielobjekt motiviert Stubentiger nicht nur zu ausgelassenen Jagdspielen, sondern leistet wertvolle Hilfe bei Fitnessübungen (Lesen Sie bitte auch „Katzen-Sport" auf Seite 181f.).

SPIEL MIT MIR!

LANGE FINGER

Gerade bei Jagdspielen laufen Menschenhände Gefahr, mit der Beute verwechselt zu werden. Bei diesem Handschuh mit überlangen Fingern und ausziehbaren Pompombällen an den Spitzen bleibt genügend Abstand zwischen Hand und Krallen. Die Finger des Handschuhs sind verstärkt und somit gut zu bewegen. Im Zoofachhandel gibt es diesen Handschuh auch mit bunten Stoffinsekten an den Enden.

EXPERTENTIPP Nicht alle Katzen können sich gleich mit diesem Spielobjekt anfreunden. Besonders schüchterne oder ängstliche Tiere benötigen etwas Zeit und sind dankbar, wenn sie den Handschuh vor dem Spiel in Ruhe untersuchen und beschnuppern dürfen. Da die „Finger" mit Draht verstärkt und die Spielobjekte an Gummibändern befestigt sind, ist während des Spiels besondere Sorgfalt geboten. Achten Sie darauf, dass keine Drahtspitzen herausragen, an denen sich das Tier verletzen könnte, und die Katze keine Gelegenheit erhält, an den Gummibändern herumzukauen. Nach dem Spielvergnügen sollte der Handschuh weggeräumt werden.

UNWIDERSTEHLICH Dieses Spielzeug ist mit Catnip-Kräutern und Raschelfolie gefüllt.

COOLER HANDSCHUH Die verstärkten Finger lassen sich gut bewegen. An den Spitzen sitzen vier ausziehbare Plüschbälle.

ERST SPIELEN, DANN SCHMUSEN Nachdem der Kater lang gespielt und sich ausgetobt hat, freut er sich über eine Schmusestunde mit seinem Frauchen. Er weiß eben, was gut ist!

CAT DANCER®

Auf den ersten Blick wirkt das Spielzeug Cat Dancer® von den Fotos auf S. 179 (Bezugsquelle: im Serviceteil) aus den USA recht unscheinbar: ein biegsamer Draht, an dessen Ende eine Kartonrolle befestigt ist. Wenn Sie jedoch den Draht locker zwischen Ihren Fingern halten, schwebt und federt er auf und ab. Bewegen Sie das Spielzeug etwas, tanzen und surren die Kartonrollen wie Insekten durch die Luft. So wird auch Ihr Stubentiger zum „Catdancer" und zeigt sich von seiner sprungfreudigsten Seite.

EXPERTENTIPP Auf den ersten Blick sieht dieses einfache Spielobjekt nicht besonders ansprechend aus, ist jedoch bei den Katzen sehr beliebt. Aufgrund der Materialbeschaffenheit muss es nach Gebrauch katzensicher verstaut werden.

KATZEN-SPORT

Gerade Wohnungskatzen sind nicht so aktiv wie ihre frei laufenden Artgenossen und finden auch weniger Abwechslung im Alltag, sodass viele Tiere aus Langeweile mehr fressen. Daher brauchen unsere Stubentiger mehr Bewegung. Denn wer aktiv ist, bleibt in Form und bekommt nicht so schnell Figurprobleme. Wollen Sie zwei Fliegen mit einer Klappe schlagen? Wie wär's mit Katzenfitness? Sie sorgen für Bewegung und haben zusammen Spaß. Nebenbei stärken Sie beide Ihre Muskeln, fördern Kondition und Koordination und bauen den täglichen Stress ab. Haben Sie Lust auf eine Trainingseinheit à la Katze bekommen? Dann setzen Sie sich auf den Boden, winkeln die Beine an, nehmen den Federwedel in die Hand und los geht's!

SPIEL MIT MIR!

TURNGERÄT MENSCH

Zeigen Sie Ihrer Katze den Spielwedel und führen Sie ihn langsam vom Tier weg, lassen Sie ihn kurz hinter Ihrem Rücken verschwinden, um ihn dann auf der anderen Seite wieder auftauchen zu lassen. Spätestens jetzt ist die Jagdleidenschaft Ihres Stubentigers geweckt und Sie können richtig loslegen. Zum „Warm-up" darf Ihre Katze Sie umkreisen. Das funktioniert am einfachsten, wenn Sie mit dem Katzenwedel einen Kreis um Ihren Körper ziehen und das Tier dem Spielobjekt folgt. Anschließend ziehen Sie den Spielwedel unter Ihren aufgestellten Beinen durch, damit die Mieze durch den „Beintunnel" kriecht. Besonders sportliche Stubentiger springen dem Katzenwedel über Ihre Beine hinterher, machen Männchen auf der Jagd nach dem Ball oder vollführen andere akrobatische Leistungen. Wird Mieze müde, gibt es eine Schmusepause auf Ihrem Schoß.

GIB HER Der über das Parkett wirbelnde Federstab lockt selbst schüchterne Tiere aus der Reserve.

MACH MAL PAUSE

Nach so intensiven Powerspielen ist eine Regenerationsphase angesagt. Die meisten Katzen bevorzugen die Abendstunden für wilde Spiele, und so kann man von übermütigen Toberunden gleich zur Schmuse- und Streichelstunde übergehen. Wie wäre es mit einer Massage für Ihren Spitzensportler? Wenn Sie mit sanften Fingerkuppen über Kopf, Ohren und Rücken Ihrer Katze streicheln, wird sie sicher bald zufrieden schnurren. Vielleicht angelt sich Ihre Samtpfote nach dem Training lieber einen Snack aus dem Futternapf, um sich danach ein verstecktes Plätzchen zum Ausruhen zu suchen.

EXPERTENTIPP Gehen Sie das Spiel langsam an und starten Sie mit einer Aufwärmrunde. Die Spieleinheiten sollten nicht länger als 10 bis 15 Minuten dauern, abgestimmt auf die Kondition Ihres Tieres. Katzen lieben Beutespiele, wechseln Sie deshalb öfter mal das Spielobjekt oder gestalten Sie den Spielablauf anders als sonst. Gönnen Sie Ihrem Stubentiger etwas Jagdglück und lassen Sie ihn die Beute nach zwei bis drei Versuchen erwischen. Zeigt Ihre Katze Ermüdungserscheinungen oder lässt das Interesse nach, sollten Sie das Spiel beenden. Idealerweise lässt man das Spiel gemächlich ausklingen, bevor die Katze den Spaß daran verliert. In der Praxis heißt das: Das Spielobjekt wird langsamer, bis Sie die Bewegung und somit das Spiel stoppen. „Game over" heißt es übrigens auch, wenn Sie keine Lust mehr haben. Katzen sind sensible Lebewesen, die Stimmungen aufgreifen und einschätzen können, ob Sie mit Herz bei der Sache sind.

[a]

[b]

[c]

[d]

[a] WARM UP Sport beginnt immer mit einem Warm up. Willow läuft erstmal durch die angewinkelten Beine von Frauchen hindurch.

[b] WARMLAUFEN Danach folgen mehrere Runden, immer dem Federwedel hinterher.

[c] + [d] SPRUNG UND MÄNNCHEN Nun wird das Training gewagter, der Federstab schneller. Sprünge und Aufrichten gehören zur wilden Jagd fitter Katzen dazu.

[e] COOL DOWN Nach 10 Minuten sollten Sie das Spiel beenden. Die Katze darf die Beute fangen und stolz ein Päuschen einlegen.

[e]

SPIEL MIT MIR!

ABSCHLAG Vom Stuhl lässt sich der Federwedel leicht mit beiden Pfoten abschlagen.

KOPFÜBER Verschwindet die Beute unter der Sitzfläche, wird kopfüber danach geangelt.

ENG UMSCHLUNGEN Tanzt der Federwedel um die Stuhlbeine, beginnt die wilde Jagd.

SLALOMLÄUFER

Gerade junge und aktive Katzen sind ausgesprochen bewegungsfreudig und möchten gefordert werden. Mit einem Katzenwedel können Sie Ihr Tier auch durch diese Fitnessübung führen. Stellen Sie einen Stuhl in den Raum und lassen Sie die Katze auf die Sitzfläche springen. Das geht am besten, indem Sie sie mit dem Katzenwedel locken. Dann wird mit

TORWART Mit Enthusiasmus wird der Tischtennisball gekonnt gehalten. Er wäre reif für die Bundesliga!

KATZEN-SPORT

den Pfoten nach dem Spielwedel geschlagen und geboxt, zum Aufwärmen sozusagen. Lassen Sie nun das Bällchen am Katzenwedel immer wieder an den Stuhlbeinen hinuntergleiten und unter der Sitzoberfläche verschwinden. Es wird nicht lange dauern, bis Ihr Stubentiger kopfüber nach der Beute angelt und anschließend auf den Boden springt. Dann geht es weiter im Slalom um die Stuhlbeine auf der Jagd nach dem Plüschball. Macht es sich die Katze unter dem Stuhl gemütlich, sollten Sie die Übung beenden. Und nicht vergessen, am Schluss darf sie die Beute fangen, denn das macht die Mieze glücklich und motiviert sie für den nächsten Slalomlauf.

KATZENFUSSBALL

Sie benötigen einen Ball und gute Kondition. Katzen lieben es, wenn sich der Mensch auf gleiche Augenhöhe begibt. Wenn es Ihre körperliche Fitness erlaubt, begeben Sie sich auf den Boden, für weniger Sportbegeisterte kann auch auf dem Bett oder dem Sofa gespielt werden. Die Katze befindet sich vor der Wand oder einer Zimmerecke, als Tormann gewissermaßen. Rollen Sie nun den Ball auf das Tor zu. Ihr Torwart wird gekonnt auf den Ball zuhechten und ihn sicher halten, eventuell spielt er Ihnen einen Pass zu. Sie werden erstaunt sein, wie geschickt Ihre Katze die Flugbahn berechnet; einen gezielten Elfmeter zu platzieren wird ganz schön schwer.

BALLGEFÜHL Auch im Liegen hat der Kater gute Chancen, den Ball zu fangen.

[a] TASTVERGNÜGEN Ein Catnip-Mäuschen unter dem Tuch, lässt keine Katze kalt.

[b] AUSGRABUNGEN Mit Geschick und Ausdauer versucht sie, an die Beute zu gelangen.

[c] MIT SPITZER KRALLE Nun hebt sie das Tuch mit den Krallen an.

[d] ECHTE SCHÄTZE Eine Holzperlenkette verspricht großes Tastvergnügen und verursacht rasselnde Geräusche unter dem Tuch.

[e] GANZ SCHÖN ANSTRENGEND Auch geistige Beschäftigung fordert Energie und macht muntere Katzen müde.

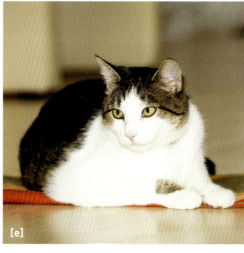

SQUASH FÜR TOPATHLETEN

Manche Katzenrassen, wie Siam, Burma oder auch Maine Coon, zählen zu den Topathleten und brauchen daher die sportliche Herausforderung. Beim Katzen-Squash lassen Sie einen Flummie oder Softgummiball immer wieder auf den Boden springen oder werfen ihn gegen die Wand, während Ihre Katze versucht, ihn zu erbeuten. So haben aktive Tiere die Möglichkeit, sich auszutoben und ihre Koordination zu schulen.

GEHT ES LOS? Katzen sind Gewohnheitstiere und stellen sich auf feste Spielzeiten ein.

Info

SPIELZEITEN
Eine Freilaufkatze wird wahrscheinlich weniger Spielzeit einfordern als eine Wohnungskatze, dennoch schätzt sie das Spiel mit ihrem Menschen.

FANG MICH DOCH!

Viele Katzen lieben es, Fangen und Verstecken zu spielen. Durch wilde Galoppsprünge in seitlicher Körperhaltung und erhobenem Schwanz wird der Mensch aufgefordert, die Verfolgung aufzunehmen. Wenn Sie Ihrer Katze ein besonderes Vergnügen bereiten wollen, dann gönnen Sie ihr einen Vorsprung, überholen Sie nicht und „finden" Ihre Mieze nicht sofort in ihrem Versteck. Oder Sie drehen den Spieß um und jagen Ihre Katze durch die Wohnung. Bewegung fördert nicht nur Ausdauer und Fettverbrennung, sondern unterstützt auch die Verdauung.

FLIEGENDER TEPPICH

Jagd- und Tastspiele nach einer unsichtbaren Beute haben einen besonderen Reiz. Die Pfoten ertasten einen Gegenstand oder spüren dessen Bewegung, doch die Katze kann ihn nicht sehen. Die Spannung ist groß, denn zuerst muss ein Hindernis bewältigt werden, bis der unsichtbare Schatz zum Vorschein kommt. Dieses Spiel können Sie beliebig variieren. Legen Sie einen kleineren Teppich oder einen Läufer auf den Boden und bewegen Sie einen Katzenwedel darunter. Oder binden Sie einen Korken an eine Schnur und ziehen diesen langsam unter dem Teppich oder einer Decke hindurch. Oder verstecken Sie eine Katzenminzemaus unter dem Teppich… Ihrer Fantasie sind keine Grenzen gesetzt.

KATZEN UND KINDER

Auch im Kinderzimmer gibt es für Katzen einiges zu entdecken. Bälle, Bänder oder kleine Figuren sind leichte Beute für flinke Katzenpfoten und werden schnell entwendet. Nicht zu kleine und massive Kunststofffiguren in Reih und Glied oder im Slalom aufgestellt ergeben einen Parcours für die Katze. Wenn dann noch einige Trockenfutterhäppchen ausgelegt werden, findet der Stubentiger auch den richtigen Weg. Vergessen Sie bitte nicht, die Zusatzhäppchen von der Tagesration abzuziehen, sonst wird Mieze zu dick!

EXPERTENTIPP Katzen spielen gern mit Kindern, wenn diese gelernt haben, einige Regeln im Umgang mit dem Tier zu akzeptieren. Durch gemeinsame Spiele wird die Beziehung zwischen Kind und Katze gefestigt. Bitte vergessen Sie jedoch nicht, dass grundsätzlich Spiele zwischen Kindern und Tieren immer von einem Erwachsenen beaufsichtigt werden sollten.

SICHER SPIELEN

Prüfen Sie die Spielsachen für Ihre Katze mit derselben Sorgfalt wie für Ihr Kind. Gerade im Kinderzimmer gibt es eine Menge an Dingen, die für Katzen gefährlich sein können. Achten Sie darauf, dass die Objekte, die für das Spiel mit der Katze verwendet werden, eine gewisse Größe haben und somit nicht vom Tier verschluckt werden können. Gummiringe, Wolle, Murmeln, kaputte Luftballons, Knetmasse, spitze Gegenstände oder Ähnliches sind für Katzen tabu. Erklären Sie das auch Ihrem Kind, damit es sicher zum richtigen Spielzeug greift.

Checkliste

SPIELREGELN FÜR KIDS

So macht deiner Katze das Spiel Spaß:

- ☐ Katzen sind kein Spielzeug. Behandle deine Katze so, wie du behandelt werden möchtest.
- ☐ Katzen mögen keine groben und lauten Spiele.
- ☐ Absolut verboten: am Schwanz oder am Fell ziehen. Das tut der Katze weh und sie wird sich mit ihren Krallen wehren.
- ☐ Wenn deine Katze schläft, wecke sie nicht zum Spielen auf.
- ☐ Nach dem Fressen braucht deine Katze Ruhe. Warte, bis sie ausgeschlafen hat.
- ☐ Blicke deiner Katze nicht starr in die Augen. Katzen empfinden dies als unhöflich; blinzle sie lieber an.
- ☐ Murmeln und kleine Spielsachen könnten von deiner Katze verschluckt werden. Räume deine Spielsachen daher immer „katzensicher" weg.
- ☐ Wenn deine Katze plötzlich nicht mehr spielen will und sich abwendet, ist euer Spiel zu Ende.
- ☐ Wenn du deine Katze streicheln möchtest, dann warte damit, bis euer Spiel vorbei ist. Wenn du dein Tier während des Spielens streichelst, kann sie dies für ein Raufspiel halten und dich dabei aus Versehen kratzen.

SPIELIDEEN
aus dem Alltag

VERWÖHNEN SIE IHRE KATZE GERN MIT NEUEN SPIELSACHEN? DANN SOLLTEN SIE EINMAL IHREN HAUSHALT DURCHGEHEN UND ALLTAGSGEGENSTÄNDE MIT KATZENAUGEN BETRACHTEN. SO FINDEN SIE SICHERLICH SPANNENDE BESCHÄFTIGUNGSIDEEN UND SPIELOBJEKTE, VÖLLIG KOSTENLOS.

SPIELIDEEN AUS DEM ALLTAG

PAPIERWELTEN
rascheln & knistern

ES RASCHELT IM KARTON

Sie benötigen eine große Schachtel, Seidenpapier oder Luftschlangen und ein Fellmäuschen. Wählen Sie eine Box aus, in der Ihre Katze genügend Platz hat. Schneiden Sie nach Belieben kreisförmige oder viereckige Öffnungen in den Karton, die als Ein- und Ausgänge oder Fenster dienen. Der Boden der Katzenabenteuerwelt wird mit zusammengeknülltem Seidenpapier ausgelegt, Sie können darunter ein bis zwei Fellmäuschen verbergen. Alternativ können Sie den Boden der Schachtel auch mit abgerollten Papierschlangen bedecken und die Mäuschen in dem Wirrwarr aus Papierstreifen vergraben. Der raschelnde Untergrund und die verborgenen Spielobjekte sprechen den Tastsinn an und motivieren zur Jagd. In dem Karton kann sich die Katze hervorragend verstecken oder mit Artgenossen toben und balgen.

EXPERTENTIPP Die in die Pappe geschnittenen Öffnungen dürfen keine scharfen Kanten aufweisen, damit sich Ihre Katze nicht verletzen kann. Auch Obstkisten aus Karton sind bei Stubentigern sehr beliebt. Wenn die Ball- oder Mäusesuche darin keinen Spaß mehr macht, dient die Kiste als äußerst gemütlicher Schlafplatz.

TASTBOXEN

Nicht nur Boxen in XL-Format lassen sich für die Beschäftigung des Stubentigers verwerten, auch ein kleiner Schuhkarton kann für ein spannendes Angel- und Tastspiel verwendet werden. Schneiden Sie in die Seitenwände und in den Deckel kleine Öffnungen hinein. Nehmen Sie einen größeren Eierbecher als Schablone, damit können Sie exakte

BOXENSTOP Das Kätzchen ist der König der Kiste. Bequem sitzt es darin und beobachtet die Umgebung.

ES RASCHELT IM KARTON Eine Kiste und ein zusammengeknülltes Stück Papier. Kleiner Aufwand, große Freude, denn damit können sich viele Katzen stundenlang beschäftigen.

Kreise zeichnen, die Sie anschließend ausschneiden. Die Löcher sollten so groß sein, dass Ihre Katze bequem mit den Pfoten hineinfassen und nach Spielobjekten angeln kann. Anschließend können Sie die Box mit den Lieblingsspielsachen befüllen, zum Beispiel Mäuse, Bälle oder anderes. Ihre Katze kann nun richtig loslegen und die Geschicklichkeit ihrer Pfoten unter Beweis stellen.

Info

KATZENPFOTEN
Katzen sind äußerst geschickt, wenn es darum geht, aus schmalen Ritzen und engen Löchern Mäuschen zutage zu befördern. Nicht nur die Pfoten leisten ganze Arbeit, sondern auch die äußerst beweglichen Zehen. Ist das Objekt der Begierde ertastet, wird mit den Krallen fest zugegriffen. Durch den Umhüllungsmechanismus bleiben die Krallen geschützt und sind immer scharf und einsatzbereit. In den Sohlenballen sitzen zudem kleinste Sinnesorgane – Pacinische Körperchen genannt –, die auf Tast- und Berührungsreize sowie kleinste Erschütterungen und Vibrationen reagieren.

SPIELIDEEN AUS DEM ALLTAG

SEIDENBÄLLCHEN

Seidenpapier eignet sich nicht nur hervorragend, um einen raschelnden Untergrund für die Katze zu gestalten, man kann damit auch tolle Kugeln formen. Die federleichten Bälle können prima mit der Pfote angestupst und in die Luft befördert werden. Das ist eine einfache, aber effektive Art, den Stubentiger zu unterhalten. Schneiden Sie das Seidenpapier ungefähr in DIN-A5- bis maximal DIN-A4-große Bögen. Knüllen Sie diese zu kleinen Bällchen zusammen und werfen Sie sie in die Reichweite der Katzenpfoten – und der Spaß beginnt.

Eine andere Variante wäre es, einen Bogen Seidenpapier zur Hälfte zu falten und eine Trockenfutterkrokette oder ein Katzenspielzeug darunter zu verstecken. Ihr Stubentiger wird seine Pfoten nicht davon lassen können, bis das Seidenpapier in Fetzen fliegt und die Beute geborgen ist.

ANGEPIRSCHT UND AUFGELAUERT Bällchen aus zerknülltem Seidenpapier sind einfache, kostengünstige und beliebte Spielobjekte für jede Katze. Man kann sie erbeuten und in der Luft zerreißen.

EINFACH DUFTE

GETASTET Unter dem Papier ist die Spielmaus tastbar.

AUSGEGRABEN Die unsichtbare Beute weckt den Jagdtrieb.

GEBORGEN Ist die Maus erhascht, ist das Spiel zu Ende.

ZAPPELTÜTE

Katzen lieben Papiertüten, ob groß, ob klein und ungeachtet ihres Aussehens. Tüten rascheln, knistern und sind wunderbar zum Stöbern und Verstecken geeignet. Verwenden Sie eine Papiertüte ohne Henkel oder eine, bei der Sie die Henkel vorher entfernt beziehungsweise durchgeschnitten haben. So vermeiden Sie, dass sich Ihr Tier beim Spielen in den Henkeln verheddert und sich verletzt. Legen Sie nun ein Mäuschen oder ein Katzenminzesäckchen in die Tüte und bewegen Sie dieses leicht hin und her. Schnell wird Miezes Neugier geweckt und sie wird nachsehen, was in der Tüte steckt. Noch mehr Spaß macht es, wenn Sie ein Aufziehspielzeug in die Tüte legen. Falten Sie die Tüte leicht zusammen oder drehen Sie sie so, dass Ihre Katze nicht gleich hineinschauen kann. Mal sehen, wie lange die Papiertüte ganz bleibt.

EXPERTENTIPP Manche Tiere haben mehr Spaß an der Verpackung als am eigentlichen Inhalt. Für andere ist das Innenleben jeder Tüte besonders spannend. Hier wird nicht nur die Spieltüte ausgeräumt und bearbeitet, sondern auch die Einkaufstüte mit Frauchens neuer Seidenbluse. In diesem Fall heißt es, Spieltüten zur Verfügung zu stellen und Taschen mit empfindlichem Inhalt lieber gleich katzensicher zu verstauen. Ihre Katze kann nämlich nicht zwischen erlaubter und verbotener Tüte unterscheiden.

EINFACH DUFTE

Nicht nur Hunde stehen auf Gerüche, auch Katzen lieben Düfte. Markierungen mit Urin oder Kot liefern Informationen über Artgenossen und den „Katzenverkehr" im Revier, Wohlgerüche von Blumen und Kräutern erfreuen die Katzennase und Witterungen von Beutetieren wecken den Jagdsinn. Während Freilaufkatzen täglich neue Duftbotschaften sammeln können, sind Wohnungskatzen auf ein ihnen bekanntes und begrenztes Umfeld angewiesen.

RASCHELLAUB MIT HERBSTFEELING Eine Box, mit buntem Herbstlaub gefüllt, verschafft der Katze ein Dufterlebnis der besonderen Art. Vielleicht findet sie noch Duftspuren von fremden Outdoor-Katzen?

DUFTKISTEN

Das Revier von Wohnungskatzen verändert sich kaum: Optische Eindrücke und Geruchserlebnisse sind oftmals auf ein Minimum beschränkt. Umso mehr Abwechslung bereiten Sie Ihrer Katze, wenn Sie von Spaziergängen, je nach Jahreszeit, duftende Mitbringsel mit nach Hause nehmen. Im Herbst bieten sich ein Potpourri aus bunten Blättern oder Kastanien an. Füllen Sie eine Schachtel damit und lassen Sie Ihren Stubentiger in einer spannend duftenden Abenteuerwelt Jagd auf Kastanien machen. Die Kastanien kann man wunderbar über den Boden rollen und sie laden zur Verfolgungsjagd ein. Auch Eicheln, Tannenzapfen, Holzstücke oder Steine eignen sich als kleine Präsente für Ihre Katze. Viele Katzen sind auch von Blumensträußen und Wiesenkräutern fasziniert und lieben es, an den Blüten zu riechen.

EXPERTENTIPP Viele Gewächse sind für Haustiere giftig. Informieren Sie sich bitte vorab bei Blumenfachhändlern und Gärtnern, ob die Pflanzen für Tiere unbedenklich sind. Auch im Internet gibt es eine Datenbank, welche die für Katzen gefährlichen Pflanzen auflistet und beschreibt (Adresse siehe Serviceteil).

SCHNÜFFELN ERLAUBT

Es ist für Ihren Stubentiger unglaublich spannend, wenn Sie mit neuen Gerüchen nach Hause kommen. Alle Kleidungs-

DER DUFT DER GROSSEN WEITEN WELT Im Gegensatz zu Wohnungskatzen sind Tiere mit Freilauf täglich mit einer Vielfalt von Gerüchen und optischen Eindrücken konfrontiert.

stücke, die Sie unterwegs getragen haben, riechen interessant und bringen die große weite Welt in das heimische Revier. Sicherlich haben Sie auch schon beobachtet, dass Ihre Katze Sie ausgiebig beschnuppert, wenn Sie vom Einkaufen zurückkommen, und mit viel Interesse den Einkaufskorb durchstöbert. Reagieren Sie nicht ungehalten auf ihre Neugier und gestatten Sie ihr die Duftkontrolle.

Sehr beliebt sind leere Teebeutel oder leere Kräuterteepackungen sowie andere kleinere Lebensmittelkartons. Ein kleines Fellmäuschen oder eine Trockenfutterkrokette darin versteckt und Ihr Stubentiger ist während der nächsten Stunde unabkömmlich.

KISSENRAUSCH

Katzen verbringen einen Großteil des Tages mit Dösen und Schlafen. Sie lieben es, sich auf einer wohligen Unterlage zu entspannen. Ein besonderes Highlight bietet ein mit etwas Katzenminze betupftes Ruhepolster. Durch den betörenden Duft verfällt Ihre Katze in einen rauschähnlichen Zustand. Sie rollt sich von einer Seite auf die andere und es wird geknabbert, geleckt und gesabbert. Das Katzengesicht nimmt dabei verzückte Züge an, bis der Spuk nach etwa 10–15 Minuten vorbei ist und die Mieze sich wieder normal verhält. Dasselbe Vergnügen bereiten auch kleine Jutesäcke, die mit Katzenminze gefüllt sind, oder Stoffsäckchen, die Baldrian enthalten.

BLUMENGRÜSSE Viele Katzen fühlen sich von duftenden Blumen magisch angezogen. Pflanzen sollten daher immer auf ihre Ungefährlichkeit für Heimtiere überprüft werden.

EXPERTENTIPP Nicht alle Katzen sprechen auf den Duft von Katzenminze an. Auch Baldrian und einige andere Pflanzen können eine rauschähnliche Wirkung auf die Tiere haben. Manche Katzen reagieren in ihrer Ekstase auch gereizt und angriffslustig. Wenn Sie dies bei Ihrem Stubentiger bemerken, sollten Sie ihn während des Katzenminze-Schnüffelns und kurz danach in Ruhe lassen. Damit sich das Aroma von Catnip-Kissen und -Mäusen lange hält, sollten Sie die Spielsachen

DUFTE MÄUSE Spielmäuse gibt es aus verschiedenen Materialien. So findet jedes Tier seine Lieblingsmaus.

anschließend luftdicht verpacken und an einem kühlen, dunklen und trockenen Ort aufbewahren. Da die Tiere in der Katzenminze- oder Baldrianekstase stark speicheln, sollte man Materialien auswählen, die pflegeleicht und waschbar sind. Auch ein Stofftaschentuch oder ein alter Stoffrest kann mit einem Catnip-Spray besprüht und als Schnüffelspielzeug eingesetzt werden.

NEUGIERIGE NASEN

Katzen sind sehr an ihrer Umwelt interessiert und die Neugier scheint ihnen in die Wiege gelegt worden zu sein. Meine Katzen waren bisher alle furchtbar neugierig und mussten alles und jeden ausgiebig untersuchen. Wie neugierig ist Ihre Katze? Machen Sie doch einfach einen Test. Stellen Sie einen größeren Behälter auf, werfen Sie ein Raschelmäuschen hinein. Oder Sie knien sich vor die Couch oder den Sessel und schauen interessiert darunter. Wetten, dass Ihre Mieze bald angeflitzt kommt, um nachzusehen, was Sie Spannendes entdeckt haben?

MAL RIECHEN? Auch Tulpen sind für Katzen giftig. Riechen erlaubt, Fressen verboten!

EXPERTENTIPP Dieses einfache Spiel bedarf keiner Vorbereitungszeit und Sie können es jederzeit anwenden. Sie unterbrechen so die Routine des Alltags und bringen etwas Ablenkung in das Leben Ihres Stubentigers.

Info

GERUCHSSINN

Im Vergleich zum Menschen mit 5 bis 20 Millionen Riechzellen ist die Katze mit 60 bis 65 Millionen viel geruchsempfindlicher und uns um ein paar „Nasenlängen" voraus. Durch geringste Konzentration geruchsaktiver Moleküle wird der Geruchssinn der Katze angesprochen. Nicht nur auf der Suche nach Beute wird Duft aufgenommen, sondern vor dem Verzehr von Nahrung sowie bei sozialen Kontakten mit Artgenossen und Menschen. Jagd, Orientierung, Kommunikation zwischen Individuen und Erkennen von bekannten Artgenossen erfolgen über diesen hoch entwickelten Sinn.

SPIELIDEEN AUS DEM ALLTAG

LICHTSPIELE

An der Mauer tanzende oder über den Boden huschende Lichtpunkte einer Taschenlampe faszinieren fast alle Katzen. Sie lieben es, die vermeintliche Beute zu jagen, und hetzen dem Lichtball hinterher. Anfangs macht dieses Spiel noch Spaß, doch bald ist die Katze enttäuscht, wenn sie die Erfahrung macht, dass der Lichtpunkt nicht greifbar ist. Daher sollten Sie den Lichtstrahl nach einigem Hin und Her auf ein Spielzeug oder ein Leckerli lenken und Ihrer Mieze ein Erfolgserlebnis verschaffen.

SPOTLIGHT Ist die begehrte Beute nicht erreichbar, kann sich Jagdlust in Jagdfrust verwandeln.

EXPERTENTIPP Hektisch bewegte Taschenlampen und dadurch hin und her blitzende Lichtstrahlen irritieren die Katze und vermiesen das Vergnügen. Machen Sie aus diesem Spiel kein Hetzspiel und überfordern Sie Ihr Tier nicht. Richtig ist es, den Strahl der Taschenlampe in einem durchschnittlichen Tempo hin und her zu bewegen, innezuhalten und vielleicht hinter dem Sofa verschwinden zu lassen. Achten Sie bitte darauf, dass Sie Ihrer Katze nie direkt in die Augen leuchten. Laserpointer sind tabu, weil das Katzenauge durch den Strahl geschädigt werden kann.

PFOTENTRAINING

Katzenpfoten benötigen Herausforderungen: Sie wollen tasten, fischen, angeln und zugreifen. Gelangt man leicht an die ersehnte Beute, ist die Herausforderung gering. Erst, wenn Geschicklichkeit und Köpfchen eingesetzt werden müssen, ist es spannend.

TURMBAUTEN

Für dieses Spiel benötigen Sie mehrere leere Rollen von Toiletten- oder Küchenpapier, Seidenpapier, Fellmäuse oder Trockenfutterkroketten. Hier ist Kreativität gefragt und Sie können Ihrer Fantasie freien Lauf lassen. Kleben Sie mehrere leere Rollen, ganz wie es Ihnen gefällt, zu einem Turm, einer Mauer oder gar einer Pyramide zusammen. Wenn Sie gern basteln, können Sie den Rollen vor dem Zusammenkleben noch ein farbiges Outfit verleihen und sie mit ungiftigen Farben bemalen. Ist die Farbe der Turmbauten

PFOTENTRAINING

getrocknet, geht es an die Gestaltung des Innenlebens. Verschließen Sie einige Rollen auf einer Seite mit Seidenpapier, andere befüllen Sie mit Trockenfutterkroketten oder einem Fellmäuschen, während die übrigen leer bleiben.

EXPERTENTIPP Solche Spielideen erfordern keinen großen Aufwand und sind kostengünstig. Sie begeistern Katzen, weil die Röhren mit verschiedenen ungefährlichen Gegenständen oder Trockenfutterkroketten befüllt werden können. Eine ideale Beschäftigung für Katzen, die tagsüber allein sind, aber auch für mehrere Tiere. Für die ersten Durchgänge sollten Sie die Kroketten nicht zu weit in die Röhren schieben. Dadurch garantieren Sie Ihrem Tier einen schnellen Erfolg. Nach und nach darf es schwieriger werden und Mieze muss tiefer in die Röhre greifen, um an die Beute zu gelangen. Achten Sie jedoch darauf, dass das Jagdobjekt für die Katzenkrallen erreichbar bleibt. Manche Stubentiger gehen vorsichtig vor, manche sind recht stürmisch, sodass die Turmbauten kippen können. Ein Schuhkarton ohne Deckel, in den die Rollen gestellt oder geklebt werden können, garantiert Standfestigkeit.

WIE EIN ADVENTSKALENDER! Katzenpfoten wollen gefordert sein: In dieser Tastpyramide kann in den verschiedenen Öffnungen nach Objekten getastet und geangelt werden.

[a] FÜR EINSTEIGER Die erste Aufgabe sollte leicht und die Beute gut erreichbar sein.

[b] MEIN LECKERLI Werden die Kroketten nah an den Öffnungen platziert, stellt sich schnell ein Erfolgserlebnis ein.

[c] FÜR KÖNNER Es ist schon etwas für Fortgeschrittene, die Krokette aus dem Kreiselbecher zu fischen.

[d] IN DIE RÖHRE GEGUCKT Die Öffnung ist gerade groß genug, um einen Blick hineinzuwerfen und mit der Pfote zu tasten.

[e] ANS RECHTE LICHT GERÜCKT lässt sich das Leckerchen bequem fressen.

BEUTEROLLE

Für die Beuterolle brauchen Sie eine leere Küchenpapierrolle, Seidenpapier, ein Fellmäuschen oder Trockenfutterkroketten. Schneiden Sie eine viereckige Öffnung seitlich in den Karton einer Küchenpapierrolle, verschließen Sie die beiden Enden der Rolle mit Seidenpapier. Nun verstecken Sie ein Mäuschen oder mehrere Kroketten darin. Ihr Stubentiger wird die raschelnde und klappernde Rolle hin und her bewegen und die Öffnung der Rolle untersuchen. Bald sind die ersten Leckereien geborgen – ein neuer Anreiz für die Katze. Sie können den Schwierigkeitsgrad des Spiels variieren, indem Sie die viereckige Öffnung der Rolle mit etwas geknülltem Seidenpapier verschließen. Nun muss Mieze, um an die Kroketten oder das Mäuschen zu gelangen, das Hindernis beseitigen.

EXPERTENTIPP Beobachten Sie die Katze bei ihren ersten Angelversuchen, damit Sie sehen, ob sie diese Aufgabe auch bewältigen kann. Klappt es nicht, ziehen Sie das Seidenpapier leicht aus der Öffnung.

Info

FÜHLENDE TASTHAARE
Die Schnurrhaare auf der Oberlippe der Katze sowie die Haare über den Augen, an den Wangen und am Kinn werden als Vibrissen bezeichnet und reagieren bereits auf geringe Berührungen. Sie sind Orientierungshilfe bei Dunkelheit, messen die Breite von Schlupflöchern und signalisieren der Katze die exakte Stelle für den Tötungsbiss. Wird das Mäuschen gefangen und für die Kätzchen in das Katzenlager gebracht, so informieren die Schnurrhaare die Katze über ein eventuelles Verrutschen des Beutetiers zwischen den Zähnen.

SPIELIDEEN AUS DEM ALLTAG

PRALINENSCHACHTEL

Schokoladenpralinen finden sich in fast jedem Haushalt. Sind die Süßigkeiten aufgegessen, können Sie das saubere Innenleben der Pralinenschachtel hervorragend zu einem Katzenspielzeug umfunktionieren. Befüllen Sie einige Fächer mit Trockenfutterkroketten und lassen Sie Ihre Katze danach fischen.

Auch der Karton der Pralinenschachtel verspricht spannende Katzenspiele: Schneiden Sie eine Öffnung in den Deckel, legen Sie den Karton mit etwas Seidenpapier aus und verstecken Sie eine Spielmaus mit Glocke darin. Nun wird der Deckel wieder daraufgesetzt, kurz mit der Maus in der Pralinenbox geraschelt und Mieze ist bereit für die Jagd.

RASSELBANDE Das bei Kindern beliebte Überraschungsei lässt sich mit geringem Aufwand zum Katzenball umfunktionieren. Ein eingeschlossenes Steinchen oder ein paar Reiskörner machen das Ei zur Rassel.

PFOTENTRAINING

HERUMGEEIERT Es eiert, bewegt und dreht sich, ...

HÖHENFLÜGE ...lässt sich per Pfote in die Luft schleudern...

PUNCHBALL ...und rasselt bei Bewegung. Einfach prima!

Info

KEINE SCHOKOLADE
Bitte geben Sie Ihrer Katze niemals Schokolade. Das darin enthaltene Theobromin verursacht bei Tieren Erbrechen und Durchfall und kann zum Tod führen.

ÜBERRASCHUNGSEI

Wer nicht selbst mit Kinderüberraschung groß geworden ist, kennt die Schokoeier aus Spiel, Spaß, Spannung und Schokolade sicherlich von seinen Kindern oder Enkeln. Ist die Schokolade verzehrt, kommt ein eiförmiger Behälter mit einer Spielüberraschung zum Vorschein. Das gelbe Kunststoffei ist eines der beliebtesten Katzenspielzeuge. Mit Reiskörnern oder einer ungekochten Nudel befüllt, kann man es der Katze geben – und ab geht die Post! Das Rasselei wird durch die Gegend geschossen, mit den Pfoten betastet und hin und her geschoben.

EXPERTENTIPP Das Überraschungsei steht bei jeder meiner Katzen auf der Top Ten der Lieblingsspielsachen ganz oben.

Besonders beliebt ist die Variante Ei mit Band. Öffnen Sie das Ei, machen Sie an einem Ende eines Geschenksbandes oder einer Kordel einen Knoten, legen Sie das Ende mit Knoten in das Ei und verschließen Sie es wieder. Den „Punchingball" können Sie nun am Katzenbaum befestigen oder als Angel hinterherziehen. Aus Sicherheitsgründen sollte Ihre Katze nicht unbeaufsichtigt damit spielen.

KATZENMOBILE

Nicht nur Kinder stehen auf Mobiles, auch Katzen finden es toll, wenn lustiges Spielzeug vor ihrer Nase herunterbaumelt. Sie benötigen ein paar Schnüre oder Bänder und einige Spielsachen oder andere katzentaugliche Objekte aus dem Haushalt. Befestigen Sie zum Beispiel ein Mäuschen, eine Seidenpapierkugel oder eine Feder an je einer Schnur. Die Bänder werden nun an eine Sessellehne gebunden. Der Sessel sollte schwer sein und so stehen, dass er nicht umkippen kann, wenn sich die Katze an das Mobile mit den Spielsachen hängt. Wenn Sie die Gegenstände in verschiedene Höhen hängen und darunter genügend Platz lassen, damit sich die Katze darunterlegen kann, wird das Spiel besonders reizvoll.

ALLES IM EIMER? Katzen sind neugierig und sogar der Wassereimer muss genauestens untersucht werden. Vielleicht schwimmen ja Fische darin oder man kann Wassertropfen angeln?

EXPERTENTIPP Soll das Katzenmobile für einige Zeit stehen bleiben, dann sollten Sie sich vergewissern, dass die Gegenstände fest angebracht sind und auch nicht von der Katze abgekaut und verschluckt werden können. Spielsachen, mit denen Sie das Tier nicht unbeaufsichtigt spielen lassen wollen, werden abgenommen.

WASSERSPIELE
Katzen gelten meistens als wasserscheue Wesen, doch es gibt auch einige „Wasserratten" unter den Miezen, die sich für Wasserspiele begeistern. Zimmerbrunnen sind nicht nur aus Gründen der Innengestaltung sehr beliebt, sondern verbessern auch das Raumklima. Während das langsame Plätschern des Zimmerbrunnens auf den Menschen entspannend wirkt, fühlt sich die Katze von den Geräuschen und Bewegungen des Wassers angezogen. Ein kleiner Softgummiball oder ein Korken, der auf den Etagen des Zimmerbrunnens schwimmt, vermag Ihren Vierbeiner für einige Zeit zu beschäftigen.

EXPERTENTIPP Da Katzen gern aus Brunnen trinken, achten Sie bitte auf Hygiene und eine optimale Wasserqualität. Auf die Verwendung chemischer Wasserzusätze sollten Sie dem Wohlbefinden Ihres Tieres zuliebe verzichten.

AUS DEM HAHN GETRUNKEN
Viele Katzen bevorzugen es, aus dem tropfenden oder laufenden Wasserhahn zu trinken, und können einige Zeit an der Spüle in der Küche verbringen. Die fallenden Wassertropfen werden genau beobachtet, manchmal schlagen sie mit der Pfote nach den Tropfen oder strecken sogar den Kopf unter den Wasserhahn. Sorgen Sie dafür, dass das Wasser weder zu heiß noch zu kalt ist.

LAUSCHANGRIFF

Mit raschelnden, knisternden und fiependen Geräuschen lässt sich jede Katze anlocken. Kein Wunder, denn Katzenohren sind immer in Bereitschaft, um selbst die leisen Geräusche einer Maus nicht zu verpassen. Die Ohrmuscheln sind perfekt konstruierte Schalltrichter, die unabhängig voneinander bewegt und auf eine Schallquelle gerichtet werden können. Besonders gut werden Hochfrequenzlaute empfangen, wie sie zum Beispiel von kleinen Nagetieren ausgestoßen werden. Neugierige Tiere, wie Katzen, lassen sich von Geräuschen anlocken. Rufen Sie Ihr Tier mit einer Raschelmaus oder indem Sie mit den Fingern auf der Tischplatte scharren. Es ist spannend, der Geräuschquelle im eigenen Revier zu folgen und zu erkunden, was gerade los ist und was der Mensch so treibt. Manche Katzen stehen auch auf Quietschmäuse und tragen sie den ganzen Tag durch ihr Revier.

Info

HERTZFREQUENZEN

Der Mensch hört bei bestem Hörvermögen bis zu 20 000 Hz. Die Katze ist Spitzenreiter mit einer Hörkapazität bis zu 70 000 Hz.

MIT GESPITZTEN OHREN Akustische Signale, wie raschelnde, kratzende oder quietschende Töne wecken die Aufmerksamkeit der Katze und animieren sie zur Beutesuche.

SPIELIDEEN AUS DEM ALLTAG

RASCHELWURM

Aus einer ausgedienten Baumwollstrumpfhose kann man mit wenigen Handgriffen ein interessantes Katzenspielzeug machen. Schneiden Sie ein Bein ab und befüllen Sie es mit Stoffresten, Seidenpapier und getrockneter Katzenminze. Danach binden oder nähen Sie das Bein an mehreren Stellen ab beziehungsweise so zusammen, dass kleine Segmente entstehen. Achten Sie darauf, dass die nun entstandenen Teile des Wurmes nicht zu prall gefüllt sind und damit unhandlich für Katzenpfoten werden.

Das ideale Spielzeug spricht alle Sinne an: Augen, Nase, Ohren und Pfoten sowie Krallen wollen gefordert werden!

HUNDESPIELZEUG Dieser Gitterball – eigentlich für Hunde gedacht – bietet sich für tolle Tastspiele an.

Checkliste

VORSICHT, GEFÄHRLICHES SPIELZEUG!

☐ Bälle und andere Spielobjekte sollten eine bestimmte Größe haben, damit sie nicht versehentlich verschluckt werden.

☐ Das Spielzeug darf nicht scharfkantig sein oder im Eifer des Gefechts splittern.

☐ Spielobjekte, die ihre Füllung verlieren, müssen ausgetauscht werden.

☐ Verzichten Sie auf kleine, leicht zu verschluckende Teile bei Spielsachen (leicht ablösbare Augen bei Spielmäusen oder kleine Squeaker bei Quietschtieren).

☐ Spielsachen sollten frei von giftigen Farben und Beschichtungen sein.

☐ Bei Spielobjekten immer auf die Eignung und Bissfestigkeit achten.

☐ Vorsicht bei Plastiktüten! Es besteht Erstickungsgefahr, wenn Ihr Stubentiger sich darin verheddert.

☐ Lassen Sie Ihr Tier nie mit Gummiringen, Wolle, Alukugeln, Nadeln, Büroklammern, Lametta, Reißnägeln, Luftballons oder Ähnlichem spielen. Auch Laserpointer sind für das Spiel mit der Katze tabu.

Intelligenz-
SPIELE

UNSERE KATZEN SIND NICHT NUR HERVORRAGENDE ATHLETEN UND JÄGER, SIE SIND AUCH ZU ERSTAUNLICHEN DENKLEISTUNGEN FÄHIG. GEBEN SIE IHREM STUBENTIGER DIE MÖGLICHKEIT, KÖPFCHEN ZU BEWEISEN. ER WIRD BEGEISTERT SEIN!

INTELLIGENZSPIELE

KLUGE KATZEN –
denken und tüfteln

Viele Katzenhalter sind sich einig, dass ihre vierbeinigen Lieblinge herausragende Eigenschaften besitzen und zu erstaunlichen Denkleistungen fähig sind. Da gibt es Katzen, die Türen öffnen, jede Leckerlidose knacken und über viele Kilometer nach Hause finden. Stubentiger verstehen es, ihre Menschen geschickt und unauffällig zu manipulieren. Sie interpretieren unsere Gefühle und wissen genau, wie es Frauchen oder Herrchen geht und wie sie gelaunt sind. So tritt Mieze bei schlechter Laune lieber den Rückzug an oder tröstet in traurigen Situationen.

DAS ABC DES LERNENS

Katzen lernen durch Beobachten und Nachahmen. Katzenwelpen schauen sich schon bei ihrer Mutter eine Menge ab. Sie lernen nicht nur das Jagen und die Benimmregeln unter Katzen, sondern auch den Gebrauch der Katzentoilette von ihrer Mama. Im Erwachsenenalter dienen oft Artgenossen als Vorbild. Leicht lernt die Katze, wie die Katzenklappe funktioniert oder wie die Schranktür zu den begehrten Leckerli aufgeht, wenn es ein Katzenkumpel vormacht.

TÜFTELBECHER Das Hütchen- oder Becherspiel fordert den Geruchssinn und bringt Miezes graue Zellen auf Trab. Mit unterschiedlichen Lösungsstrategien versucht das Tier an die begehrte Beute zu gelangen.

DAS ABC DES LERNENS

Info

BESCHÄFTIGUNG MACHT SCHLAU
Beschäftigen Sie sich täglich mit Ihrer Katze! Die Lern- und Intelligenzleistungen Ihres vierbeinigen Lieblings sind umso beeindruckender, je mehr Zeit und Liebe Sie in die Mensch-Tier-Beziehung investieren.

FÜR FLOTTE HÜTCHENSPIELER

Für dieses Spiel benötigen Sie Trockenfutterkroketten und zwei Plastikbecher. Stellen Sie die beiden Becher mit geringem Abstand vor Ihrer Katze auf. Nun zeigen Sie ihr das Leckerli, das Sie unter einem der beiden Becher verstecken. Mieze wird interessiert zusehen und sofort mit der Bergung des Leckerbissens loslegen. Besonders schüchterne Tiere schnüffeln zuerst an den Bechern, die selbstbewussten setzen gleich die Pfote ein und versuchen, den Behälter durch Anstupsen umzuwerfen. Hat Ihre Katze die Aufgabe erfolgreich gelöst, können Sie den Schwierigkeitsgrad erhöhen, indem Sie die Krokette heimlich unter einem Becher verstecken. Lassen Sie sich überraschen, ob Ihre Katze zielstrebig auf den Becher zugeht oder ob sie sich langsam heranarbeitet.

EXPERTENTIPP Verwenden Sie für dieses Spiel leichte Kunststoffbecher, damit Ihre Katze sie gut umstoßen kann. Wenn Sie die leichten Becher gegen leere hohe Joghurtbecher tauschen, erhöht sich der Schwierigkeitsgrad des Spiels.

Ziehen Sie die im Spiel verwendete Trockenfuttermenge von der täglichen Futterration ab, sonst wird Ihr Stubentiger zu dick.

SELBSTBEWUSST greift Bibi nach dem richtigen Becher und lüftet das Geheimnis.

MIT BELOHNUNG Ist der Becher gefallen, kann das Leckerchen verzehrt werden.

KREISELBECHER Eine Krokette aus in einem gekippten Becher zu angeln, ist ganz schön schwierig, denn der Becher bewegt sich wie ein Kreisel und ist für das Tier schwer zu fixieren.

KREISELBECHER

Für diese Aufgabe brauchen Sie einen hohen Plastikbecher und ein Leckerli. Füllen Sie das Leckerli in den Becher und kippen Sie ihn auf die Seite. Wenn die Katze den Becher mit der Pfote anstupst, wird er sich wie ein Kreisel drehen und es ihr erschweren, den Leckerbissen zu ergattern. Manche Katzen wissen sofort, was zu tun ist und wie man an die Beute kommt. Diese Katze löste die Aufgabe innerhalb weniger Sekunden: Sie steckte die Pfote in den Becher und hob ihn hoch. Die Krokette kullerte heraus und wurde verspeist.

EINE EINDRUCKSVOLLE LÖSUNG Bibi hat einfach die Pfote in den Becher gesteckt und ihn hochgehoben.

BECHERPARADE

Mit Kunststoffbechern kann man die Samtpfoten eine Zeit lang auf Trab halten. Für dieses Spiel werden unterschiedliche Becher verwendet: Einige haben einen wellenförmigen Rand, damit die Katze darunterschauen beziehungsweise das Leckerli riechen und eventuell tasten kann; andere schließen dicht ab und wiederum andere sind an einer Seite durchlöchert wie ein Sieb. Zum Aufwärmen wählen Sie einen Becher, legen das Leckerli vor den Augen Ihrer Katze darunter und lassen sie es herausfischen. In der nächsten Runde können Sie schon drei Becher aufstellen, wobei anfangs unter zwei Bechern ein Leckerli stecken sollte. Erhöhen Sie den Schwierigkeitsgrad langsam, indem Sie die Anzahl der Becher

Info

FARBEN SEHEN
Katzen sind nicht farbenblind, haben aber nur zwei Zapfentypen, woraus sich ein eingeschränktes Farbensehen ergibt. Dies spielt jedoch eine untergeordnete Rolle, denn das Katzenauge ist auf das Erkennen von Bewegung perfektioniert.

DARUNTER IST ES! Die Katze hat gut aufgepasst und findet den richtigen Becher mit dem Leckerchen.

erhöhen und die Zahl der Leckerli reduzieren. Die Becherprofis unter den Katzen mögen es, wenn Sie vor ihren Augen die Becher verschieben. Mal sehen, ob Mieze sich gemerkt hat, wo die Krokette steckt oder ob sie sich durch den Geruch zum richtigen Becher führen lässt.

EXPERTENTIPP Die Becherparade ist von den Krokettensuchspielen eine der schwierigsten Aufgaben. Die hier verwendeten Becher sind schwerer als Party- oder Joghurtbecher und weisen auch verschiedene Formen auf. Das Tier muss Köpfchen und Geschicklichkeit beweisen.

DENKARBEIT Katzen haben kurze Konzentrationszeiten und brauchen zwischen den Übungen Erholungspausen. Ausgeruht werden auch neue Lösungen ausprobiert und der Becher durch den Raum geschoben.

INTELLIGENZSPIELE

PING-PONG-PARTY

Tischtennisbälle sind aufgrund ihrer Eigenschaften sehr beliebt: Sie sind leicht und lassen sich gut per Pfote durch die Gegend schießen. Für dieses Intelligenzspiel benötigen Sie einen flachen Kunststoffbehälter aus der Küche. Legen Sie ein bis zwei Trockenfutterkroketten auf den Boden der Box und befüllen Sie diese mit einigen Tischtennisbällen. Es sollte genügend Platz vorhanden sein, damit Ihre Katze die Bälle verschieben kann und ohne großen Aufwand an die Leckerbissen kommt.

ERHÖHTER SCHWIERIGKEITSGRAD

Den Schwierigkeitsgrad steigern Sie, indem Sie die Box randvoll mit Tischtennisbällen füllen. Jetzt muss die Katze ganz schön wühlen, um an die Kroketten zu gelangen. Ist die flache Box für Ihre Katze keine Herausforderung mehr, können Sie auf einen höheren Behälter umsteigen. Legen Sie einige Kroketten oder den Lieblingsleckerbissen hinein und füllen Sie die Box mit Tischtennisbällen auf. Lassen Sie sich überraschen, wie Ihr Stubentiger diese Aufgabenstellung lösen wird.

EXPERTENTIPP Dies ist ein besonders beliebtes Spiel bei Katzen. Je nach Anzahl der verwendeten Tischtennisbälle oder nach Größe und Form des Behälters kann die Aufgabenstellung beliebig variiert werden. So bleibt das Spiel spannend, und wenn alle Kroketten erlegt sind, beginnt die Jagd auf die Bälle.

SESAM, ÖFFNE DICH!

Noch mehr Grips muss die Mieze einsetzen, wenn sie den Deckel eines Behälters öffnen muss, um an die Beute zu gelangen. Verwenden Sie dazu eine Kunststoffbox mit Deckel. Legen Sie ein Baldrian- oder Katzenminzekissen hinein und drücken Sie den Deckel nur leicht an. Die Katze muss noch die Chance haben, ihn selbstständig zu öffnen. Angelockt durch den einladenden Geruch wird die Katze zuerst versuchen, mit der Pfote einen Spalt zu finden, den sie dann unter Einsatz des ganzen Kopfes aufdrückt.

PING PONG Leichte Tischtennisbälle eignen sich für viele Spiele.

[a] FINGERZEIG Aufmerksam beobachtet Bibi den Hinweis auf das Leckerli.

[b] AUSGRABUNGEN Auf der Jagd nach der Beute werden Bälle beiseite geschoben oder auch aus dem Behälter befördert.

[c] GANZ SCHÖN SCHWER Eine Krokette aus einer hohen Box mit Bällen zu bergen, ist eine geistige Herausforderung.

[d] GEHT NICHT Angeln klappt nicht mehr.

[e] UMWERFEND Dann kippt sie die Box, die Bälle rollen heraus und das Leckerli ist greifbar.

217

INTELLIGENZSPIELE

DICKKOPF Mit dem Kopf wird diese Box mit Deckel geöffnet.

EINE PFOTE hält den Deckel, die andere greift die Beute.

RELAXED Nun wälzt er sich entspannt mit dem Duftkissen.

EXPERTENTIPP Bei schwierigen Aufgabenstellungen sollten die Spieleinheiten nur wenige Minuten dauern, da Katzen nur über kurze Konzentrationsspannen verfügen. Bei jedem Durchgang sollte sie ihre Beute beziehungsweise eine Krokette erhalten. Nur so ist sie erfolgreich. Ist dies nicht der Fall, wird sie bald das Interesse an der Aufgabe verlieren. Helfen Sie Ihrer Katze auf die Sprünge, bevor sie aufgibt. Bedenken Sie, dass Ihre Katze durch diese Übung recht geschickt wird und sich vielleicht auch an Kisten zu schaffen macht, die nicht für sie gedacht waren.

SPIELZEUG VOM BESTEN FREUND

Leben Sie auch mit Katze und Hund zusammen? Dann können Sie einige Hundespielsachen für Ihre Katze ausleihen. Im Zoofachhandel gibt es Gitterbälle in diversen Größen. Für Katzen verwenden Sie am besten einen kleinen oder mittelgroßen Gitterball (siehe Foto auf Seite 208), abhängig von dem Spielobjekt, das Sie darin verstecken werden. Diese speziellen Bälle sind leicht und biegsam, und durch die Öffnungen kann das Tier die ganze Pfote stecken und nach der Beute tasten, fast wie in einem Mauseloch. Die Katze muss sich das Baldriankissen erst erarbeiten, bevor sie sich genüsslich daran reiben kann.

GESCHICKLICHKEITSSPIELE FÜR FLINKE PFOTEN

Spielsachen, die die geistige Fitness unterstützen oder den Bewegungsdrang fördern, sind bei fast allen Vierbeinern sehr beliebt. Es gibt Intelligenzspiele für Hunde, die aus verschiedenen Holzboxen bestehen, in denen Leckerli versteckt werden. Der Hund muss eine Klapptür öffnen oder einen Deckel hochziehen oder -drücken, damit er an das begehrte Leckerli kommt. Nicht nur unsere Hunde lösen diese Aufgabe mit Bravour, auch Mieze weiß, wie sie die Kästchen öffnen und sich die Beute holen kann.

VERPACKTER SPASS

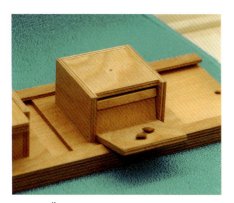

KLAPPTÜR Drückt die Katze die Klapptür herunter, gelangt sie an die Kroketten.

AUFGEHEBELT Bibi hat den Deckel der Box mit dem Kopf nach oben gedrückt.

VERDIENT Auch Katzen sind bereit, sich einen Leckerbissen zu erarbeiten.

VERPACKTER SPASS

Für dieses Spiel brauchen Sie nicht viel, außer einem Tuch und einem Spielobjekt. Spielmäuse mit Katzenminzeduft, raschelndes Seidenpapier oder katzentaugliche Gegenstände eignen sich für dieses Spiel. Ein Geheimtipp ist eine Schnurr mit aufgefädelten großen Holzperlen, da diese durch den Stoff schön zu ertasten sind und auf dem Parkettboden Geräusche machen. (Siehe Fotos Seite 186). Legen Sie das Tuch über die Holzperlenkette und lassen Sie Ihre Katze danach pföteln und die Beute bergen.

TOLLE ROLLE

Breiten Sie ein Geschirrtuch auf dem Boden aus, legen einige Kroketten hinein und falten dann das Tuch zusammen. Ihre Katze wird Ihnen begeistert zusehen und sich an das Auspacken der leckeren Beute machen. Wenn Sie den Schwierigkeitsgrad erhöhen möchten, werden die Kroketten auf eine Seite des Tuchs gelegt und dieses anschließend wie ein Wrap zusammengerollt.

EXPERTENTIPP Das Spiel „Tolle Rolle" bedarf keiner Vorbereitung und belastet auch einen vom Arbeitstag müden Katzenhalter nicht. Bitte nicht vergessen, die Kroketten, die als „Beute" dienen, von der Futterration abzuziehen. Katzen verlassen sich auf ihren ausgezeichneten Geruchssinn. Wenn Sie Mieze Abwechslung bieten wollen, dann verstecken Sie nicht nur Leckerbissen, sondern auch etwas Duftendes. Ein Katzenminzemäuschen oder ein Baldriansäckchen unter dem Tuch bringen jeden Stubentiger auf Trab.

NICHT NUR FÜR MENSCHENKINDER Auf einer Krabbeldecke können Kätzchen erkunden, beobachten, jagen und somit ihre körperlichen und geistigen Fertigkeiten verbessern.

BUCKLIGE WELT

Katzen lieben Verstecke und Höhlen. Kleine Teppiche und Decken, die in Falten gelegt werden, schaffen eine tolle Erlebnislandschaft für Katzen. Um den Entdeckerdrang Ihres Stubentigers zu steigern, können Sie einige Trockenfutterkroketten oder auch Katzenminzemäuse in Teppichfalten und Deckenhöhlen verstecken. Dies ist eine Spielidee, mit der sich Ihre Katze den Tag verkürzen kann, wenn Sie zur Arbeit sind.

KÄTZCHENSPIELWIESE

Kleine Katzen müssen spielen, um körperliche und geistige Fertigkeiten zu trainieren. Krabbeldecken sind nicht nur ideal für Kleinkinder, sondern auch für Kätzchen geeignet. Die Decke kann im Nu ausgebreitet werden und die Entdeckungsreise kann beginnen. Diese Krabbelauflagen sind kuschelig und haben verschiedene Applikationen zum Tasten aufgenäht. Während die einen Kätzchen Frosch, Raupe und Marienkäfer entdecken, werfen die anderen einen Blick in die spiegelähnlich schillernde Mitte der Decke. Und wer müde wird, kann gleich vor Ort ein Schläfchen halten.

EXPERTENTIPP Diese Krabbel- und Tastdecken sind sehr beliebt, animieren zum Spiel und zur Jagd und fördern die Entwicklung der Kätzchen.

FOLGE DER SPUR!

Speziell für Tiere, die tagsüber allein zu Hause sind, ist es von großer Bedeutung, den Tag so spannend wie möglich zu gestalten. Verstecken Sie doch einige Trockenfutterkroketten in der Wohnung, die Ihr Stubentiger aufstöbern kann. Sie können die „Häppchen" in Regalen, unter Kommoden, auf Sitzoberflächen oder Ähnlichem drapieren. Achten Sie darauf, dass Ihre Katze freien Zugang hat und im Eifer des Gefechts keine Vasen oder Porzellanfiguren zu Bruch gehen können. Nach Ihrer Rückkehr verraten Ihnen die fehlenden Kroketten, wo sich Ihre Katze auf ihren Streifzügen durchs Revier aufgehalten hat.

HÖHENFLÜGE UND ABSTÜRZE

Bei Stürzen aus einer Höhe von weniger als zwei bis drei Meter fallen Katzen oftmals auf den Rücken, da die Zeit nicht für ein Wendemanöver ausreicht, und können sich Verletzungen zuziehen. Besonders schwerwiegend sind Abstürze aus sehr großen Höhen, wo die Beine die Wucht des Aufpralls nicht mehr abfangen können.

Info

KATZENBALANCE

Katzen haben einen exzellenten Gleichgewichtssinn und ein blitzschnelles Reaktionsvermögen, um in unerwarteten Situationen nicht die Balance zu verlieren. Der Stellreflex sorgt dafür, dass sich die Katze im freien Fall so dreht, dass sie auf allen vier Pfoten landet. Der Katzenschwanz wird dabei als Steuerruder eingesetzt. Im Innenohr der Katze befinden sich sehr sensible Sensoren, die jede Bewegung dreidimensional wahrnehmen und die Position des Kopfs im Raum melden.

[a] WASSERSCHEU Die meisten Samtpfoten machen sich nicht besonders viel aus Wasser.

[b] WAS SCHWIMMT DENN DA? Einen Ball aus einer Wasserschüssel zu angeln, ist jedoch für viele Katzen eine Herausforderung.

[c] PLAN ERSTELLEN Von allen Seiten wird das Gefäß untersucht, um die geeignete Jagdstrategie herauszufinden.

[d] NASSE PFOTEN Willow greift beherzt mit der Pfote und ausgefahrenen Krallen nach dem Softgummiball.

[e] WIE BEIM FISCHEN Mit einem gezielten Schlag wird der Ball aus dem Wasser geholt.

WASSERBALL

Für dieses Spiel benötigen Sie ein weites Gefäß, zum Beispiel eine Schüssel, einen Soft- und einen Hartgummiball. Füllen Sie die Schüssel mit lauwarmem Wasser und legen Sie den weichen und den harten Ball hinein. Sie werden sehen, dass jedes Tier die Lage begutachtet und nach einiger Zeit eine Lösung findet, um an die Bälle zu kommen. Die meisten werden nach dem weichen Schaumgummiball angeln, der auf der Wasseroberfläche schwimmt, und ihn mit einem gezielten Schlag ins Trockene befördern. Die Wasserbegeisterten unter den Katzen scheuen sich nicht, gleich mit der Pfote in die Schüssel zu fassen und den Ball am Boden zu bergen. Wenige Tiere versuchen es mit anderen Lösungsansätzen, indem sie versuchen, die Schüssel leerzutrinken und so an das Spielzeug zu kommen.

EXPERTENTIPP Wenn Sie durchsichtige Gefäße verwenden, wird es schwieriger für die Katze. Sie kann den Ball zwar sehen, doch muss sie erkennen, dass man nur von oben an den Ball gelangen kann. Durch das Wasser kommt die Lichtbrechung hinzu, sodass alles etwas verzerrt ist. Es kann also passieren, dass die Katze danebengreift.

BRING MAL!

Ja, Sie haben richtig gelesen: Auch Katzen können apportieren, wenn sie Lust und Laune dazu haben. Manche Stubentiger kommen allein auf die Idee und bringen einen Ball oder ein Mäuschen

und legen es ihrem Menschen vor die Füße. Wird das Spielzeug geworfen, bringt die apportierfreudige Katze es gleich zurück. Die meisten Tiere muss man jedoch erst dazu animieren. Nehmen Sie das Spielobjekt in die Hand, zeigen Sie es Ihrer Katze und machen Sie sie neugierig. Dann werfen Sie das Mäuschen oder den Ball ungefähr ein bis zwei Meter weit. Wenn die Katze das Spielzeug bringen sollte, wird dieses Verhalten durch Lob und Leckerli bestärkt. Sie können ihr ein anderes Spielzeug zum Tausch anbieten. Fürs Apportieren gilt: Übung macht den Meister. Wiederholen Sie es jeden Tag, denn dadurch lernt Ihre Katze, dass es sich lohnt, das Spielzeug zu bringen. Hat Mieze jedoch keine Lust, dürfen Sie nicht enttäuscht sein.

Checkliste

WIE CLEVER IST IHRE KATZE?

	JA	NEIN
Meine Katze zeigt, dass sie Lust zum Spielen hat, indem sie mich durch ihre Körpersprache auffordert oder mir ihr Lieblingsspielzeug bringt.	☐	☐
Meine Katze manipuliert mich oft, um ihre Wünsche und Forderungen durchzusetzen.	☐	☐
Meine Katze fordert mich zum Schmusen auf, wenn sie Lust hat.	☐	☐
Meine Katze ist selbstbewusst und neugierig.	☐	☐
Meine Katze weiß, meine Stimmungen und Launen zu deuten.	☐	☐
Meine Katze findet bei spielerischen Denkaufgaben das Leckerli sofort.	☐	☐
Meine Katze kann Probleme lösen und zum Beispiel Türen oder Schränke öffnen.	☐	☐
Meine Katze beobachtet mich oft bei meinen Tätigkeiten.	☐	☐

GUT FREUND Regelmäßige Spieleinheiten und Zuwendung stärken die Mensch-Tier-Beziehung.

AUSWERTUNG

Konnten Sie 7- bis 8-mal mit „ja" antworten: Herzlichen Glückwunsch! Sie haben eine Superkatze mit Köpfchen, die weiß, was sie will und wie sie ihren Wünschen Nachdruck verleihen kann.

3- bis 6-mal „ja": Ihre Katze ist schlau. Auf jeden Fall ist noch mehr Leistungsfähigkeit vorhanden oder Mieze hat aus irgendeinem Grund beschlossen, sich nicht zu sehr anzustrengen.

1- bis 2-mal „ja": Ihre Katze nutzt ihr Potenzial nicht aus. Vielleicht fühlt sie sich unterfordert? Lassen Sie sich von den Vorschlägen in diesem Buch inspirieren und spielen Sie täglich mit Ihrer Katze.

Spielerische ERZIEHUNG

KATZEN HABEN IHREN EIGENEN KOPF UND STEHEN OFT DAFÜR, ZU TUN UND ZU LASSEN, WAS SIE WOLLEN. DENNOCH KANN MAN SIE BIS ZU EINEM GEWISSEN MASS ERZIEHEN. DURCH SPIELE KÖNNEN WIR UNSEREN STUBENTIGERN AUCH UNARTEN ABGEWÖHNEN UND IHREN TATENDRANG IN GEORDNETE BAHNEN LENKEN.

SPIELERISCHE ERZIEHUNG

BRAVE KATZE –
Stubentiger erziehen?!

Das Zusammenleben mit einer Katze, die gewisse Regeln gelernt hat, ist leichter und harmonischer. Es gibt Situationen, in denen Ihre Samtpfote auf ihren Namen hören sollte. Auch Tierarztbesuche sind stressfreier, wenn die Katze es gewohnt ist, in die Transportbox zu klettern. Katzen macht der Unterricht Spaß, solange Sie eine gewisse Toleranz mitbringen. Ganz so perfekt wie bei Hunden wird das Training nicht werden, dazu sind und bleiben Katzen zu eigenständig. Dennoch sind die vierbeinigen Diven anpassungsfähige Tiere, die bereit sind, gewisse Abkommen zu respektieren. Das bietet Ihnen eine Reihe an Möglichkeiten, mit Ihrer Katze Kompromisse zu schließen, wenn Sie den nötigen Anreiz geben. Üben Sie jedoch Nachsicht, wenn Ihre Mieze Ihr Signal ignoriert.

KATZENPÄDAGOGIK FÜR MENSCHEN

RESPEKT UND VERANTWORTUNG
Haben Sie Verständnis für Ihre Katze mit ihren einzigartigen Charaktereigenschaften und für die arttypischen Verhaltensweisen. Klettern, Erkunden, Beobachten, Verstecken, Jagen und Spielen sind Grundbedürfnisse, die Sie Ihrer Katze nicht verwehren dürfen.

AUS SICHT DES TIERES
Missverständnisse lassen sich vermeiden, wenn Sie das Ausdrucksverhalten von Katzen verstehen und sich in Ihr Tier hineinversetzen können.

REGELMÄSSIGKEIT
Rituale, wie feste Fütterungszeiten, tägliche Spiel- und Schmusestunden, geben Sicherheit und fördern die Mensch-Tier-Beziehung.

ERZIEHUNGSSTIL MIT KLAREN LINIEN
Was Sie heute verbieten, dürfen Sie morgen nicht erlauben. Nur einheitliche Signale oder Formulierungen führen zum Ziel. Wenn Sie „Nein" meinen, dann müssen Sie bei „Nein" bleiben. Signale, die sich ständig ändern, wie „Pfui", „Aus" oder „Böse Katze" etc., verwirren das Tier und verfehlen die gewünschte Wirkung.

TIMING
Ihre Reaktion muss sofort auf die Verhaltensweise der Katze folgen, denn nur so kann das Tier seine Handlung mit Ihrer Reaktion in Verbindung bringen. Möchten Sie richtiges Verhalten durch Lob oder ein Leckerli bekräftigen oder für eine Tat mit einem lauten „Nein" tadeln, muss dies innerhalb von ein bis zwei Se-

KATZENPÄDAGOGIK FÜR MENSCHEN

kunden nach der gezeigten Verhaltensweise geschehen. Sie müssen also ganz schön auf Zack sein. Warten Sie einige Sekunden länger, kann die Katze Lob oder Ermahnung nicht mehr mit ihrer Tat verknüpfen.

RICHTIG REAGIEREN
Bekräftigen Sie erwünschtes Verhalten und bieten Sie Anreize: Für Frauchens oder Herrchens Lob, ein aufregendes Spiel oder einen Leckerbissen lohnt es sich, brav zu sein.

LOHNT SICH'S? Wird der richtige Anreiz geboten, sind Katzen trotz ihrer Eigenständigkeit durchaus bereit, Kompromisse mit dem Menschen einzugehen und manche Regel zu akzeptieren.

SPIELERISCHE ERZIEHUNG

KEIN ZWANG
Strafe in Form von Zwang beeinträchtigt die Mensch-Tier-Beziehung, denn das Tier reagiert mit Misstrauen und Rückzug auf den Menschen. Strafe ist keine ideale Lösung.

REALISTISCHE ZIELE
Auch bei der Erziehung gilt: „Kleine Schritte führen zum Ziel." Verlangen Sie keine Übungen, die Ihren Vierbeiner überfordern oder die er aufgrund seines Alters, seiner Verfassung etc. momentan nicht durchführen kann.

BEDINGUNGEN
Möchten Sie Ihrer Katze ein Kommando oder ein Kunststück beibringen, sollte dies in vertrauter Umgebung und in Ruhe geschehen. Einzelunterricht ohne Publikum garantiert Miezes volle Aufmerksamkeit. Die Übungseinheiten sollten nur dann stattfinden, wenn Ihre Katze aufmerksam bei der Sache ist, und niemals direkt nach der Fütterung.

KOMMUNIKATION
Die Verständigung zwischen Mensch und Tier ist eine wesentliche Voraussetzung für ein erfolgreiches Training. Katzen orientieren sich am Klang und Tonfall Ihrer Stimme. Es reicht eine leise bis normale Lautstärke, wenn Sie mit Ihrer Katze sprechen. Wenn Sie Ihre Katze anschreien, weil eine Übung nicht so klappt, schaltet sie auf stur oder bekommt Angst.

POSITIV VERKNÜPFT Die meisten Katzen haben gelernt, auf ihren Namen zu hören.

LIEBE KATZE! Für Frauchens Lob und ein Leckerli lohnt es sich, zu kommen und brav zu sein.

ERZIEHUNGS-BASICS

AUF DEN NAMEN HÖREN
Jede Katze benötigt einen eigenen Namen, der ihrer Einzigartigkeit gerecht wird. Sie sollte mit erhobenem Schwanz auf uns zulaufen und uns mit einem erwartungsvollen Blick ansehen, wenn sie gerufen wird. Katzennamen bestehen in der Regel aus ein- oder zweisilbigen Wörtern mit den Vokalen „a" oder „i", aber auch „o" oder „u". Scharfe Laute wie „sss" erinnern die Tiere an ein Fauchen und sie halten eher Abstand. Wie so oft macht auch hier der Ton die Musik. Katzen assoziieren mit einem Wort eine bestimmte Handlung. Wenn Sie das Tier beim Streicheln, Schmusen, Spielen und Füttern immer wieder mit dem Namen ansprechen, dann erfolgt eine positive Verknüpfung mit dem Wort. Ihre Hausgenossin wird meistens Ihrem Ruf Folge leisten, vorausgesetzt, sie hat nichts anderes im Sinn.

KOMMEN AUF RUF
Üben Sie, wenn Ihre Katze gute Laune hat und sich ein paar Leckerbissen erarbeiten möchte. Wählen Sie ein Hörzeichen aus, das Sie in Zukunft immer verwenden werden. Es kann „Hier", „Hierher" oder „Komm" sein. Halten Sie einen Leckerbissen in der Hand und rufen Sie Ihre Katze beim Namen. Läuft Ihnen Ihr Stubentiger entgegen, treten Sie einen Schritt zurück, rufen „Hier!" und geben ihm das Leckerli, sobald er bei Ihnen ist. Nach und nach können Sie den Abstand zwischen Ihnen und dem Tier vergrößern. Nach einigen Übungen wird die Katze auch aus einem anderen Raum zu Ihnen kommen, wenn Sie rufen, und sich über die Extrazuwendung freuen.

WAS KOMMT JETZT? Gespannt wartet Bibi auf den Beginn der Übung.

„SITZ!" Auch Katzen können sich auf ein Signal hin setzen, wenn ihnen danach ist.

EXPERTENTIPP Das Signal „Hier" sollten Sie anfangs nur geben, wenn Ihre Katze in der Nähe oder auf dem Weg zu Ihnen ist und Sie sich sicher sein können, dass sie Ihrem Ruf Folge leistet. Wird das Tier durch ein Geräusch oder etwas anderes abgelenkt, warten Sie so lange mit dem Signal, bis Ihre Katze Ihnen wieder volle Aufmerksamkeit schenkt. Um ihr Kommen sofort bekräftigen zu können, müssen Sie den Leckerbissen, den es als Belohnung gibt, bereits in der Hand halten. Klappt das Kommen auf Ruf über einen längeren Zeitraum, können Sie ab und zu auf den Leckerbissen verzichten und mit Worten loben.

„SITZ" FÜR KATZEN

Halten Sie einen Leckerbissen in der Hand und führen Sie die Hand über den Kopf der Katze nach hinten. Ihr Stubentiger wird sich setzen, um den Leckerbissen besser sehen zu können. In dem Moment, wenn das Tier korrekt sitzt, sagen Sie „Sitz" und geben ihm die Belohnung. Nach und nach verringern Sie die Futtergaben – in der Folge sind Worte als Lob ausreichend.

EXPERTENTIPP Während viele Katzen auf Ruf kommen, gehört „Sitz" zu den schwierigeren Übungen. Üben Sie sich in Geduld, wenn das Training nicht so reibungslos funktioniert, und verwenden Sie schmackhafte Leckerli als Anreiz. Ist Mieze mit Freude dabei, wird sie auch bald lernen, sich auf einen Fingerzeig hinzusetzen. Heben Sie zu jedem Hörzeichen „Sitz" den Zeigefinger als Sichtzeichen und verknüpfen Sie so die beiden Signale miteinander. Mieze wird lernen, sich auch auf einen Fingerzeig hinzusetzen, wenn es ihr Spaß macht.

SPIELTHERAPIE

Spielen bereitet nicht nur Vergnügen, es vertreibt aufkommende Langeweile, bedeutet Abenteuer, hält körperlich und geistig fit und verbessert die sozialen Beziehungen. Spielen ist gleichbedeutend mit Kommunikation, Sozialkontakt, Motivation, Lernen, Erziehung und Sport. Es bedeutet Lustgewinn und macht glücklich. Gespielt wird mit Hingabe, allein, mit Artgenossen oder dem Lieblingsmenschen. Das regelmäßige Spiel zwischen Zwei- und Vierbeiner ist die Basis für eine harmonische Mensch-Tier-Beziehung! Mangelt es Katzen an spielerischen Aktivitäten, werden sie schnell zu unberechenbaren Alleinunterhaltern in den vier Wänden und veranstalten ein wildes Durcheinander. Auch die Zweitkatze ist nicht immer eine Garantie, dass die Tiere miteinander spielen: Auch zu zweit kann Langeweile und Frustration aufkommen. Oft sind die Katzen, die vom Menschen ausgesucht werden, zu verschieden, um ihr Leben gemeinsam zu verbringen.

MAUS DER EXTRAKLASSE mit beweglichen Beinen und langem Schwanz für besonderes Spielvergnügen.

SPIELERISCHE ERZIEHUNG

VERHALTEN BEEINFLUSSEN

Als Katzenhalter muss man den unerwünschten Verhaltensweisen seiner Katze nicht hilflos gegenüberstehen. Es ist durchaus möglich, das Verhalten seines Stubentigers durch Spiel zu beeinflussen. Durch eine „Spieltherapie" können die Grundregeln des Zusammenlebens von Mensch und Tier, aber auch von Katze zu Katze zum Positiven verändert und die sozialen Beziehungen gefestigt werden. Erhalten Katzen keine Möglichkeit, ihren Jagdtrieb durch spielerische Aktivitäten auszuleben, kann es zu Verhaltensproblemen kommen. Eine Umgebung, die auf die Bedürfnisse der Katzen eingeht, und ein Spiel- und Beschäftigungsprogramm beugen vor.

„Spieltherapien" sollten vom Tierpsychologen individuell für das Tier erstellt werden. Wesen, Aktivitätsgrad, Gesundheitszustand, Alter und Lebensumfeld müssen dabei berücksichtigt werden. Jede Katze hat individuelle Spielvorlieben.

Bei nachfolgenden Verhaltensproblemen kann eine „Spieltherapie" positive Ergebnisse erzielen und das Zusammenleben zwischen Mensch und Tier verbessern.

SENKRECHTSTARTER Oft werden die Beine des Katzenhalters als Kletterbaum benutzt.

BEACHTE MICH! So gewinnt die Katze garantiert die Aufmerksamkeit des Menschen.

ATTACKEN AUS DEM HINTERHALT

Spielerische Attacken auf den Menschen werden sowohl von jungen als auch von erwachsenen Katzen durchgeführt. Besonders einzeln gehaltene Tiere, die tagsüber allein sind, oder Tiere, die nicht ausgelastet sind, zeigen diese Art der Aggression. Die Katze lauert hinter einem Möbelstück und wartet auf ihre Chance, sich auf die Beine des Menschen zu stürzen, wenn er an ihr vorübergeht. Wenn der Besitzer dann erschrickt, schreit oder gar ein Spielzeug zur Ablenkung wirft, wird die Katze für ihr Verhalten belohnt. Das ist die Art von Abwechslung, die diese Katzen suchen. Entweder schreien Sie im Moment des Angriffs ein lautes „Nein" und ignorieren Ihre Katze für zehn Minuten. Oder Sie versuchen, den Angriff auf ein Spielzeug umzuleiten, bevor die Attacke stattfindet. Werfen Sie die Spielmaus zu spät, haben Sie den Angriff Ihrer Katze belohnt.

Wichtig

LUSTLOS?
Die Lust am Spiel begleitet unsere Katzen ein Leben lang. Verweigert eine Katze über längere Zeit das Spiel, ist dies als Alarmsignal zu werten. Lassen Sie abklären, ob ein körperliches oder seelisches Problem vorliegt oder die Lebensumstände dafür verantwortlich sind.

HILFERUF Wenn Katzen Probleme machen, geschieht das nie ohne Grund. Während wir Schwierigkeiten im zwischenmenschlichen Bereich ansprechen können, zeigt die Katze das durch ihr Verhalten.

NÄCHTLICHE AKTIVITÄTEN

Die Katze wird in der Nacht aktiv, geistert durch die Wohnung und sorgt dafür, dass der Mensch kein Auge zumacht. Angriffe auf die Zehen unter der Bettdecke sind ein beliebter Zeitvertreib. Die meisten Katzenhalter versuchen, die spielerischen Attacken auf ihre Füße zu stoppen, indem sie die Katze mit Leckerbissen ablenken. Doch so lernt Mieze schnell, dass sie durch die Attacken in den Genuss von Leckerbissen kommt. Stellt der Mensch die Futtergaben ein, werden sich die Fußangriffe anfänglich verstärken. Nun müssen Sie Durchhaltevermögen beweisen und die nächtlichen Aktivitäten Ihrer Katze ignorieren, also kein Leckerli, kein Streicheln und auch kein Schimpfen! Nur wenn Verhaltensweisen keinen Erfolg zeigen, wird Mieze sie unterlassen. Abends spielen Sie ausgiebig mit ihr, so werden Sie beide nachts mehr Ruhe finden.

DESTRUKTIVE VERHALTENSWEISEN

Vor allem junge Katzen haben viel Energie und wollen gefordert werden. Findet sich über eine gewisse Zeitspanne kein Spielpartner oder kein passendes Spielobjekt, an dem sie Dampf ablassen können, staut sich ihre Energie auf. Sie haben sicherlich auch schon einmal die „verrückten fünf Minuten" bei Ihrer Katze erlebt. Ganz plötzlich und ohne für den Menschen erkennbare Vorzeichen springt Mieze auf, sprintet ohne Rücksicht auf Verluste durch die Wohnung, über Sofalehnen und Regale. Nach wenigen Minuten ist der Spuk vorbei und Ihr Stubentiger sitzt wieder friedlich vor Ihnen. Andere Katzen gehen noch einen Schritt weiter und rennen buchstäblich die Wände hoch, schaukeln an Gardinen und benutzen ihren Menschen als Kletterbaum.

BEZIEHUNGSPROBLEME

Viele Katzen haben vor einem bestimmten Familienmitglied oder einem im selben Haushalt lebenden Artgenossen Angst. Mit spielerischen Aktivitäten können Beziehungen verbessert und eine soziale Annäherung erreicht werden. Sie dürfen nicht enttäuscht sein, wenn die Spielbemühungen anfangs nur beobachtet werden und nicht gleich in einem ausgelassenen Spiel gipfeln.

TRAUMATISCHE ERLEBNISSE

Psychischer Stress, verursacht durch einschneidende Veränderungen in der Umgebung der Katze oder im Zusammenleben mit ihrem Menschen, wie eine Scheidung oder ein Todesfall in der Familie, können die Katze stark belasten.

UNAUSGELASTETE KATZEN können ernste Streitigkeiten mit dem Kumpel anzetteln.

ÜBERGEWICHT

Oftmals spielen Verhaltensaspekte eine wesentliche Rolle bei übergewichtigen Katzen. Tiere, die keine Möglichkeit haben, das Jagdverhalten durch das Spiel im menschlichen Heim auszuleben, neigen dazu, Langeweile und Stress durch eine zusätzliche Futteraufnahme zu kompensieren. Mangelnde Zuwendung und eine gestörte Mensch-Tier-Beziehung sind ebenso für Übergewicht verantwortlich.

SPIELERISCHE ERZIEHUNG

Checkliste

SIND SIE SCHON „SPIELMEISTER"?

1. **DAS SPIELEN MIT MEINER KATZE IST**
   - a) ein gelegentlicher, netter Zeitvertreib. (0)
   - b) das tägliche Highlight unserer Mensch-Tier-Beziehung. (5)
   - c) ein Fixpunkt am Wochenende. (2)

2. **MIT MEINER KATZE SPIELE ICH VORZUGSWEISE**
   - a) nach dem Fressen. (0)
   - b) bei Dämmerung und in den Abendstunden. (5)
   - c) wenn es sich ergibt. (2)

3. **MEIN STUBENTIGER HAT LUST AUF AUSGELASSENES SPIEL, WENN**
   - a) er durch Mimik und Körpersprache seine Spiellaune angekündigt. (5)
   - b) ich ihn mit einem Leckerbissen für das Spiel locke. (2)
   - c) er es sich gerade auf der Couch gemütlich macht. (0)

4. **WENN MEINE KATZE PLÖTZLICH IN SPIELLAUNE IST,**
   - a) wird meine Hand zum Jagdobjekt und ich lasse sie in die Finger beißen oder kratzen. (0)
   - b) suche ich nach ungefährlichen Alltagsgegenständen, mit denen meine Katze allein spielen kann. (2)
   - c) nutze ich die Gelegenheit und hole ihre Lieblingsspielsachen aus dem Regal. (5)

5. **ICH SPIELE MIT MEINER KATZE …**
   - a) Mehrmals täglich/ in Summe etwa eine Stunde. (5)
   - b) 2–3 x/ Woche. (2)
   - c) Selten, da ich mehrere Katzen habe, die sich miteinander beschäftigen. (0)

6. **KATZENSPIELZEUG …**
   - a) ersetzt die tägliche Beschäftigung mit meiner Katze. (0)
   - b) benötige ich kaum. Meine Katze verfügt über Freilauf. (2)
   - c) ist wichtig und bietet Spielvergnügen für Mensch und Tier. (5)

SPIELMEISTER

7. SO MOTIVIERE ICH MIEZE ZUM SPIEL

☐ a) mit raschelnden oder schnell bewegten Spielobjekten. (5)

☐ b) durch ihr Lieblingsspielzeug. (2)

☐ c) Meine Katze lässt sich nicht motivieren. (0)

8. DAS SPIEL MIT MEINER KATZE IST ZU ENDE, WENN

☐ a) einer von uns keine Lust mehr hat. (2)

☐ b) meine Katze das Spielobjekt erlegt hat. (5)

☐ c) das Tier, die Spielbeute nicht erwischen konnte. (0)

9. DER KRATZ- UND KLETTERBAUM

☐ a) steht auch als Aussichtsplatz an einem Fenster. (5)

☐ b) befindet sich zentral im Wohnzimmer. (2)

☐ c) ist Platz sparend und steht in einer stillen Ecke der Wohnung. (0)

10. WONACH SUCHEN SIE DAS IDEALE SPIEL FÜR IHRE KATZE AUS?

☐ a) Nach Kondition, Gesundheitszustand und Spielvorlieben. (5)

☐ b) Wir spielen eigentlich immer das gleiche Spiel. (0)

☐ c) Ich kaufe die neuesten Trendspiele. (2)

AUSWERTUNG

ÜBER 31 PUNKTE
Ausgezeichnetes Testergebnis. Sie haben den Sinn des Spieles erkannt. Ihre Katze hat in Ihnen ihren „Spielmeister" gefunden.

16–30 PUNKTE
Sie sind fortgeschritten und machen bereits vieles richtig. Sie haben die passende Einstellung für gemeinsame Spielstunden mit Ihrer Katze, sollten sich aber dennoch von Vorschlägen inspirieren lassen.

15 PUNKTE UND DARUNTER
So richtig klappt es noch nicht mit dem Spielen. Möglicherweise drückt Ihre Katze ihre Unzufriedenheit bereits durch Beziehungskrisen und unerwünschte Verhaltensweisen aus. Machen Sie sich klar, dass regelmäßiges Spielen notwendig ist.

SERVICE
Nützliches zum Schluss

ZUM WEITERLESEN

Bergmann-Scholvien, Claudia: **Schüssler-Salze für meine Katze.** Die Wirkung der Heilsalze, Anwendung und Therapie. Kosmos 2009.

Bohnenkamp, Gwen und Renate Jones: **Was Katzen wirklich brauchen.** Kosmos 2005.

Böttger, Andrea: **Das Katzenbuch für Kids.** Verstehen, versorgen, spielen. Kosmos 2014.

Bradshaw, John: **Die Welt aus Katzensicht.** Wege zu einem besseren Miteinander. Erkenntnisse eines Verhaltensforschers. Kosmos 2015 (auch als E-Book).

Federer, Gabi und Martino Rivas: **Spiele für Katzen.** Die schönsten Tricks für Stubentiger. Kosmos 2009.

Grimm, Hannelore: **Kätzchen. Halten, pflegen, beschäftigen.** Kosmos 2013.

Grimm, Hannelore: **Wohnungskatzen.** Halten, pflegen, beschäftigen. Kosmos 2014.

Jones, Renate (Hrsg.): **Kosmos Handbuch Katzen.** Kosmos 2010.

Jones, Renate: **Unsauberkeit bei Katzen.** Verstehen, vorbeugen, helfen. Kosmos 2016 (auch als E-Book).

Landwerth, Lena: **Katzenglück.** Bestens versorgt, ein Leben lang. Kosmos 2014.

Lauer, Isabella. **Zwei Katzen, doppeltes Glück.** Auswahl, Eingewöhnung, harmonisches Zusammenleben. Kosmos 2012.

Lauer, Isabella: **Meine Katze.** Kosmos 2008.

Lauer, Isabella: **Wenn Katzen reden könnten.** Kosmos 2012.

Leyhausen, Paul: **Katzenseele. Wesen und Sozialverhalten.** Kosmos 2005.

Metz, Gabriele: **Katzenrassen. Die schönsten Samtpfoten aus aller Welt.** Kosmos 2011.

Metz, Gabriele: **Wohnungskatzen.** Natürlich halten und beschäftigen. Kosmos 2013.

Pfleiderer, Mircea und Birgit Rödder: **Was Katzen wirklich wollen.** Gräfe und Unzer 2014 (auch als E-Book).

Pfleiderer, Mircea: **Katzenverhalten.** Von der Wildkatze zur Hauskatze. Mimik, Körpersprache, Verständigung. Kosmos 2014.

Rauth-Widmann, Brigitte: **Katzensprache.** Mimik, Laute, Körpersprache. Kosmos 2014.

ZUM WEITERLESEN

Rauth-Widmann, Brigitte: **Was denkt meine Katze?** Katzenverhalten auf einen Blick. Kosmos 2016.

Ruthenfranz, Sabine: **Spielekiste für Katzen.** 8 Spielzeuge – 50 Spielideen. Kosmos 2015.

Seidl, Denise: Katzen. **Richtig halten und Probleme lösen.** Kosmos 2014.

Seidl, Denise: **Wenn meine Katze Probleme macht.** Katzenverhalten verstehen, Probleme lösen. Kosmos 2008.

Stockfleth, Bettina von: **Katzen mit Geschichte.** Ein Ratgeber zur Adoption von Tierschutzkatzen. Books on Demand 2015 (auch als E-Book).

Stockfleth, Bettina von: **Praxisbuch Katzen-Clickertraining.** Gräfe und Unzer 2016 (auch als E-Book).

Streicher, Dr. Michael: **Kosmos Praxis-Handbuch Katzenkrankheiten.** Vorsorge und Erste Hilfe, Krankheiten erkennen und behandeln. Kosmos 2013 (auch als PDF).

Theby, Viviane: **Clickern mit meiner Katze.** Der Trick mit dem Click – Katzen spielerisch erziehen. Kosmos 2009.

SERVICE

NÜTZLICHE ADRESSEN

GESUNDHEIT & SICHERHEIT

www.bundestieraerztekammer.de
Bietet Links zu den Tierärztekammern der einzelnen Bundesländer, wo Sie Informationen zu Tierärzten und Notdiensten in Ihrer Nähe finden.

www.tierarzt.at
Informationen zu Tierärzten, Notdiensten und amtlichen Registrierstellen

www.tasso.net
TASSO-Haustierzentralregister

www.registrier-dein-tier.de
Haustierregister des Deutschen Tierschutzbundes

www.giftpflanzen.ch
Eine umfangreiche Giftpflanzen-Datenbank vom Institut für Veterinärpharmakologie und -toxikologie in Zürich

KATZENBEDARF

www.catwalk-kratzbaeume.de
Hochwertige Kratzbäume im flexiblen Modulsystem

www.canadiancat-company.com
Ansprechende Kratzmöbel aus Pappe, Designer-Katzenhöhlen, Katzenlaufräder

www.keramik-im-hof.de
Funktionale und formschöne Trinkbrunnen für Katzen

www.trixie.de
Große Auswahl an praxiserprobten Intelligenzspielzeugen, Katzenmöbeln und -betten u.v.m.

www.zooplus.de
Cat Dancer® und Federangeln

REGISTER

A

Abgabealter 39
Absturz 68
Abwechslung 196
Activityball 147
Adoleszenz 12
Aggression 235
Aggression, spielerische 81
Aggressionskontrolle 131, 133
Aggressives Spiel 82
Akrobat 140
Alleinunterhalter 141
Alltagsgegenstände 148, 192 ff.
Alternativen bieten 116
Angelspiel 151
Angriff 178
Angst 114
Anpassungsfähigkeit 164
Apportieren 223
Artgenossen 164 ff.
Attacken 235
Aufziehspielzeug 195
Augenfarbe 31
Augentropfen verabreichen 99
Ausdrucksverhalten 228
Ausgeglichenheit 137
Aussichtspunkt 154
Ausstellungen 48
Austrocknung 30
Auswahl 46 ff.

B

Balance 221
Baldrian 198
Balkone 68
Bälle 145 ff., 185, 216
Ballspiel 140
Bambus 95
Barfen 93
Becherparade 214
Behälter öffnen 216
Beintunnel 182
Beißhemmung 130, 133
Belohnungen 113, 115
Beschäftigungsspielzeug 86 f.
Beute 136, 177
Beuteersatz 81
Beutegreifer 10, 34
Beuterolle 203
Beutespiel 140
Bewegung 181
Bewegungskoordination 130
Bewegungsspiel 140
Beziehungen aufbauen 131
Beziehungsprobleme 237
Bezugsperson 131
Bindung aufbauen 11
Birma 46
Blinkball 146
Bobachten 212
Bürsten 96 f.

C

Cat Dancer 181
Catch me 170
Catnip 158 f.
Catwalk 78
Charaktere 165
Charaktertest 54 ff.
Clickertraining 117 f.
Coaching für Stubentiger 133

D

Dämmerungssehen 32
Darmlänge 90
Darmverschluss 38
Dehnen 76
Denkspiel 140
Destruktive Verhaltensweise 237
Deutsches Haustierregister 61
Drohen 168
Duftbotschaft 195 ff.
Duftmarken 76
Duftspiel 140
Durchfall 100

E

Einfühlungsvermögen 177
Einzelspieler 144 ff.
Energie abbauen 176
Entdeckerdrang 140, 229
Enzymreiniger 74

SERVICE

Erbkrankheiten 60
Ernährung 90 ff.
Erste Hilfe 43
Erziehung 108 ff., 228 ff.
EU-Heimtierausweis 61
Europäische Kurzhaarkatze 46

F

Fangspiel 140, 166
Farbsehen 215
Feder 170
Federangel 140
Federwedel 141
Feline Immundefizienz 59
Feline Infektiöse Peritonitis (FIP) 101
Feline Leukämie 59, 101
Feline Panleukopenie 103
Felines Immunschwächevirus (FIV) 102
Fellmäuse 149
FELV-Test 59
Fenster 68 f.
Feuchtfutter 33
Fischangeln 135
Fitness 145, 181 f.
Fitnessparcours 153 ff.
FIV-Test 59
Fleischfresser 90
Fliegender Teppich 187
Flöhe 99
Freigang 121 f.
Freigang, Alternativen 122
Freigehege 122
Frühkastration 17
Frühreife 12
Fußball 185
Futterball 87, 147
Futterbelohnung 140
Futterneid 94
Futterschale 70
Futterumstellung 92
Fütterung 94

G

Gartenbambus 95
Geburtsgewicht 26
Gefahren 65 ff., 208
Gefährliches Spielzeug 208
Gehör 31

REGISTER

Geräusche 207 f.
Gerüche 195 ff.
Geruchssinn 28, 199
Geschicklichkeit 200, 218
Geschirr 70
Gesichtssinn 32
Gesundheitsuntersuchungen 58 ff.
Giftige Pflanzen 196
Giftiges 67
Gitterbälle 218
Gleichgeschlechtliche Katzen 15 f.
Gleichgewicht 156, 221
Grenzen 133, 137, 169
Grundausstattung 70 ff.
Grundausstattung, Checkliste 70
Grundimmunisierung 59

H

Handaufzucht 42 f.
Hängematte 77
Harnmarkieren 120 f.
Haubenklo 72 f.
Hauskatze 46
Hauskatzenkolonie 14
Haustierregister 61
Heimtierausweis 61
Herzkrankheit 60 f.
Höhlen 159
Hörvermögen 207 f.
Hunde 18 f.
Hundespielsachen 218
Hütchenspieler 213
Hygiene 206
Hypertrophe Kardiomyopathie (HKM oder HCM) 60 f.

I

Igelball 147
Ignorieren 235
Immunologische Lücke 59
Impfungen 58 f.
Imponieren 168
Individualität 164
Infektionskrankheiten 101 f.
Instinkthandlungen 81
Intelligenzspiele 212 ff.
Intelligenzspielzeug 86 f.
Interaktive Spiele 179
Inzestwurf 16
Inzuchtgefahr 60

J

Jagdersatz 134
Jagdspiele 14, 81
Jagdtrieb 19, 170
Jäger 140

K

Kältereize 29
Kämmen 96 f.
Kampfspiel 168
Kastration 15 f., 104 f.
Kater-Katze-Konstellation 15 f.
Kätzchen und Kinder 13
Katzen-Aids 59, 102
Katzenaugen 159, 178
Katzenausstellungen 48
Katzenbett 79 f.
Katzenernährung 90 ff.
Katzenerziehung 108 ff., 228 ff.
Katzenfitness 145, 181 f.
Katzenfummelbrett 86 f.
Katzengamander 95
Katzengehege 122
Katzengras 95
Katzenkinderzimmer 36
Katzenklo 49, 72 f.
Katzenkumpel 164 ff.
Katzenminze 95, 140, 149, 158 f.
Katzennest 68
Katzenpubertät 12, 120 f.
Katzenschnupfen 102
Katzenseuche 103
Katzenspielzeug 37, 85, 133, 138
Katzensprache 114
Katzenvermehrer 51
Katzen-Zuhause 65 ff.
Kindchenschema 8, 20
Kinder 189
Kindheit 12
Kinnakne 71
Kippfenster 69
Kitten-Duo 15
Kittenfutter 94
Kleinkindalter 12
Klettern 154 ff.
Klo-Stalking 73
Kluge Katzen 212 ff.
Kolostrum 26
Kombinationsspiel 140
Kommunikation 120, 199, 230
Kondition 181
Konflikte austragen 133
Konsequenz 228
Konzentration 137
Koordinationsvermögen 145, 181
Körbe 78

Körperbeherrschung 156
Körperkoordination 33
Körperliche Konstitution 137
Körperpflege 96 f.
Körpersprache 115
Körpertemperatur 29
Kosten 52 f.
Krabbeldecke 220
Kräftemessen 41
Krallenschärfen 76
Kratzbaum 49, 76 ff., 154 ff., 168
Kratzbaum, Standort 78
Kratzbrett 49
Kratzspuren 76
Kräutertee 197
Kreiselbecher 214

L

Lange Finger 180
Langeweile 176
Langhaarkatzen 97
Laufspiel 166
Lebensdauer 12
Lebensjahre, erste 12
Lebensmittel, giftige 67
Lern- und Intelligenzleistung 213
Lernbereitschaft 8
Leukose 59, 101
Lichtreflexe 147
Lichtspiel 200
Liegeflächen, erhöhte 78
Lob 138
Lustlosigkeit 235

M

Magenverschluss 38
Markieren 120
Massage 182
Mäuschen 149
Mäusesprung 134
Medikamente verabreichen 98
Mensch-Tier-Beziehung 131, 176 ff.
Mikrochip 61
Milchtritt 29
Milchzähne 33
Missverständnis 228
Mobile 205
Motivation 138
Muttermilch 26

N

Nachahmen 212
Nächtliche Aktivität 236
Nackengriff 29 f.
Nahrungsprägung 93
Namen 231
Nassfutter 92
Nesthocker 34
Neugier 8, 199
Notfall-Erstversorgung 43

O

Objektspiel 130 f., 140
Ohren 207
Organdefekte 60
Orientierung 203

P

Pacinische Körperchen 193
Papier 192
Pflegeutensilien 96 f.
Pfoten 193
Pfotentraining 200 ff.
Polyzystische Nierenerkrankung (PKD) 60
Positive Erfahrungen 131
Positive Verstärkung 113
Prägephase 34 ff.
Problemkatze 10
Programm 144 ff.
Psychischer Stress 237
Pubertät 12, 120 f.

R

Rangfolge 82, 133
Rangordnung 82, 133
Raschelwurm 208
Rassekatzen 44 f., 165
Rasselei 205
Raufbold 140
Raufspiele 14, 168
Reaktionsvermögen 129, 133, 156
Regelmäßigkeit 228
Regeln 110
relative Rangordnung 82
Ressourcen verteidigen 82
Revierverteidigung 82
Rituale 138, 228
Rohfütterung 93
Rollentausch 41
Rotlichtlampe 30
Routine 139
Rückzugsort 78

REGISTER

Ruhepausen 137
Ruhezone 78

S

Säuglingsalter 12
Schlaf 28
Schlafplatz 79, 154
Schmerzempfinden 29
Schnüffelprofi 140
Schnüffelspielzeug 199
Schnurrhaare 203
Schokolade 205
Sehfähigkeit 32
Seidenbällchen 194
Selbstbelohnendes Verhalten 116
Selbstbewusstsein 130, 141
Selbstdarstellung 76 f.
Sicherheit 65 ff., 85
Signale 231 f.
Sinne 133
Sinne erwachen 30 f.
Slalom 184
Snackball 140 f., 147
Softie 141
Solitärspiel 144 ff.
Soziale Kompetenz 131
Sozialisierung 133
Sozialleben 164
Sozialpartner, menschlicher 11
Sozialspiel 130, 168
Sozialverhalten, differenziertes 40
Spielablauf 136
Spielaggression 81
Spielangel 135, 170, 177
Spielbereitschaft 129, 136

Spielbox 152, 171
Spieldauer 136
Spielen 41, 81 ff.
Spielen, richtiges 83
Spielmotivation 170
Spielmuffel 141
Spielpartner 138, 164 ff.
Spielregeln 136 ff., 189
Spielsachen 138
Spieltempo 139
Spieltherapie 233 ff.
Spieltunnel 160
Spieltypen 138, 140 f.
Spielverhalten, überzogenes 129
Spielverweigerung 235
Spielwiese 220
Spielwürfel 147
Spielzeiten 139, 187
Spielzeug 37, 150
Spielzimmer 36
Sportler 140

Springen 156
Squash 187
Stellreflex 221
Sterilisation 105
Stimmungsbarometer 176
Strafen vermeiden 113
Streicheleinheiten 115, 141
Stress 176, 181
Stressabbau 132
Streu 38, 74
Stürze 221

T

Tabus 110, 139
Tapetum lucidum 32
Target 117
Tasso e.V. 61, 244
Tastbox 192
Tasthaare 203

SERVICE

Tastsinn 28, 192
Tastspiel 151
Taube Katzen 31
Teebeutel 197
Temperaturempfinden 28
Temperaturregelung 29
Tierheim 10
Tierpsychologe 19
Tierschutzorganisation 51
Tiertrainer 19
Timing 228
Tollwutschutzimpfung 58
Tragzeit 26
Transponder 61
Transportbox 37, 74 f.
Trauma 237
Trinkbrunnen 71
Trockenfutter 92

Trockenmarkieren 104, 120
Turmbauten 200

U

Überforderung 137
Übergewicht 237
Überhitzung 30
Übungserfolg 138
Umgang mit Artgenossen 131
Umwelt 133, 139
Umwelteindrücke 34 f.
Urinmarkieren 104

V

Vergesellschaftung 14 ff.
Vergiftungen 67

Verhalten beeinflussen 234
Verhaltensauffälligkeiten 17, 176, 234
Verhaltensprobleme 17, 176, 234
Verletzungsgefahr 139, 167
Versteckmöglichkeiten 159 f., 167
Versteckspiel 141
Vibrissen 203
Vogelhaschen 135

W

Wahrnehmungsvermögen 129, 133
Wasserball 223
Wasserbedarf 93
Wasserqualität 206
Wasserschale 70 f.
Wasserspiel 206
Weiße Katzen 31
Wesenszüge 165
Wohlbefinden 176
Wurfgeschwister 15
Wurflager 28 f.
Wurflager, Temperatur 30
Wurmkur 58, 99

Z

Zappeltüte 195
Zeitaufwand 136
Ziele 230
Zimmerbambus 95
Zimmerpflanzen 67
Züchterbesuch 50
Zwang 230

DANKSAGUNG

Aufrichtigen Dank an alle Zwei- und Vierbeiner, die mich bei der Entstehung dieses Buches unterstützt haben: Familie Thomas Kren mit ihren Samtpfoten Nicky und Lisa, Familie Lausecker und ihre Katzenbande, Christine und Dominik Rappaport und ihre 16 Pfoten, Carmen Windhaber mit Willow und Paola, Sarah Nettel mit Bibi und Benco sowie Renate Trost und ihre Katzenbabys. Ein großes Dankeschön an unseren Fotografen Kurt Kracher, der in vielen Stunden niemals die Gelassenheit verlor und den Finger immer zum richtigen Zeitpunkt am Drücker hatte.

Meinem geliebten Partner Wolfgang danke ich für seinen Beistand, seinen Optimismus, seine Inspiration und vieles mehr. Eine liebevolle Danksagung auch an meine Mutter für ihre Unterstützung. Ein schnurriges Dankeschön für meine Katzendamen, die mich beim Schreiben meiner Bücher begleitet haben. Ein dankbarer Pfotendruck unserer getupften Mischlingshündin Snowy für ihre Geduld, wenn der Spaziergang wegen eines Buchkapitels einmal etwas kürzer ausgefallen ist.

Meinen beiden Lektorinnen, Alice Rieger und Angela Beck, sei an dieser Stelle ebenso für ihre hervorragende Arbeit und ihre Geduld während der Entstehungsgeschichte dieses Buches bzw. des Doppelbandes Anerkennung ausgesprochen.

Denise Seidl

> Autorinnen und Verlag danken den folgenden Firmen für die großzügige Unterstützung bei der Erstellung der Fotos: cat-on® by Martin Frank, Catwalk – Katzen Kratzbaum System, TRIXIE Heimtierbedarf GmbH & Co. KG. Die zur Verfügung gestellten Produkte ermöglichen innovative Fotostrecken, die neben hoher Qualität auch neue Trends zeigen.

SERVICE

DIE AUTORINNEN

BETTINA VON STOCKFLETH absolvierte die Ausbildung zur Tierpsychologin an der Schweizer Akademie für Tiernaturheilkunde (ATN) und spezialisierte sich in ihrer Beratungspraxis ganz bewusst auf Katzen, wozu ihr eigener Fundkater Tharuk den Anstoß gab. Im Rahmen von Hausbesuchen in Hamburg, Niedersachsen und Schleswig-Holstein sowie in Deutschland, Österreich und der Schweiz per Telefon steht sie Haltern als Beraterin und Katzentherapeutin zur Seite. Darüber hinaus schreibt sie regelmäßig Fachartikel für diverse Katzenzeitschriften im In- und Ausland.

Tiere begleiten Bettina von Stockfleth schon seit ihrem fünften Lebensjahr – vom Wellensittich über Hamster bis hin zum Schäferhund. Derzeit teilt die engagierte Tierschützerin ihr Zuhause im Nordheidestädtchen Buchholz (bei Hamburg) mit drei Katern, die sie als ihre besten Lehrer bezeichnet. Gemeinsam mit dem willensstarken „Waldfindelkind" Tharuk, dem spanischen Mini-Macho Rodrigo und dem quirligen Bulgaren Quentin testet sie besonders gerne Intelligenzspielzeug und probiert neue Clickertrainingübungen mit ihrem Katerteam aus.
www.mensch-und-katze.de

DIE AUTORINNEN

DENISE SEIDL ist Österreichs Expertin für Katzenverhalten und als Dozentin für angewandte Ethologie bei Instituten und Verbänden, in Tierarztpraxen und in der Weiterbildung von Lehrern und Schülern gefragt. Zudem berät sie namhafte Unternehmen bei allen Fragen rund um Haltung und Verhalten von Hund und Katze und gibt Tierhaltern bei unerwünschtem Verhalten sowie Verhaltensproblemen Hilfestellung. Dabei liegt ihr die artgerechte Haltung und spielerische Beschäftigung von Heimtieren ganz besonders am Herzen. Denise Seidl ist langjährige Autorin beim Kosmos Verlag. Ihre erfolgreichen Bücher wurden in mehrere Sprachen übersetzt.

Wenn sie nicht im Fernsehen auftritt, Fachartikel für Zeitschriften im In- und Ausland schreibt oder Vorträge hält, verbringt sie ihre Freizeit am liebsten mit ihrem Partner und ihren Tieren.

www.tierpsychologie.at

Kind und Katze
—— ein tolles Team

80 Seiten, ca. €(D) 12,99

Familienzuwachs auf vier Pfoten? Die Kinder sind Feuer und Flamme und wollen sofort kuscheln, spielen und sich um ihren neuen Freund kümmern. Damit dies auch gelingt, zeigt Andrea Böttjer, wie Kinder mit Katzen umgehen. Spielerisch werden sie an das Wesen der Katze herangeführt, lernen, was ihre Körpersprache bedeutet, wie sie ihrem Tier etwas beibringen können und welche Spiele und Tricks gemeinsam Spaß machen. Das Losleg-Buch für Katzenbändiger: Hiermit werden Kind und Katze zum perfekten Team.

kosmos.de

Katzen verstehen
—— leicht gemacht

96 Seiten, ca. €(D) 10,–

Geheimnisvoll, individuell und rätselhaft – so werden Katzen oft beschrieben. Doch ganz so unergründlich sind sie gar nicht, denn sie drücken durch Mimik und Körpersprache aus, was sie denken und fühlen. Die Biologin Dr. Brigitte Rauth-Widmann beschreibt anhand von 180 aussagekräftigen Fotos, was Schnurrhaare, Augen und Körperhaltung uns sagen, und erklärt jede Situation leicht verständlich. Der bewährte Foto-Ratgeber für ein harmonisches Miteinander von Mensch und Katze.

kosmos.de

SERVICE

BILDNACHWEIS

144 Fotos wurden von Sandra Schürmans/Kosmos für den ersten Teil dieses Buches (S. 2/3 und 6-125 sowie 246, 249, 250) aufgenommen.
164 Farbfotos wurden von Kurt Kracher/Kosmos für den zweiten Teil des Buches (S. 4/5 und 126-239) aufgenommen.
Weitere Farbfotos von: Tatjana Drewka/Kosmos (5: U2, S. 122, 130, 131, 162/163), Oliver Giel (3: S. 35 oben, 66, 71 oben) , Juniors Bildarchiv (1: S. 188), Gabriele Metz/Kosmos (5: S. 72, 105, 164, 165 beide) , Sabine Rath (12; S. 128, 129 beide, 161 oben links, oben rechts, Mitte, 174/175, 192, 193, 196, 197, 209) und Vivien Venzke/von Stockfleth (1: S. 252)

IMPRESSUM

Umschlaggestaltung von GRAMISCI Editorialdesign unter Verwendung von Farbfotos von Sandra Schürmanns/Kosmos.

Mit 335 Farbfotos.

Alle Angaben in diesem Buch erfolgen nach bestem Wissen und Gewissen. Sorgfalt bei der Umsetzung ist indes dennoch geboten. Der Verlag und die Autorinnen übernehmen keinerlei Haftung für Personen-, Sach- oder Vermögensschäden, die aus der Anwendung der vorgestellten Materialien und Methoden entstehen könnten.

Unser gesamtes Programm finden Sie unter **kosmos.de**
Über Neuigkeiten informieren Sie regelmäßig unsere
Newsletter, einfach anmelden unter **kosmos.de/newsletter**

Gedruckt auf chlorfrei gebleichtem Papier

© 2017, Franckh-Kosmos Verlags-GmbH & Co. KG, Stuttgart.
(Das Buch ist ein Doppelband aus den beiden aktualisierten Werken „Katzenkinder" von Bettina von Stockfleth, ISBN 978-3-440-13572-3 von 2013 und „Spiel & Spaß für Katzen" von Denise Seidl, ISBN 978-3-440-11984-6 von 2010, beide © Franckh-Kosmos Verlags-GmbH & Co. KG, Stuttgart.)
Alle Rechte vorbehalten
ISBN 978-3-440-15388-8
Redaktion: Ute-Kristin Schmalfuß, Alice Rieger
Redaktion des Doppelbandes: Angela Beck
Gestaltungskonzept: GRAMISCI Editorialdesign, München
Gestaltung und Satz: Atelier Krohmer, Dettingen/Erms
Produktion: Eva Schmidt
Printed in Germany / Imprimé en Allemagne